Introdução à teologia eucarística

SÉRIE PRINCÍPIOS DE TEOLOGIA CATÓLICA

intersaberes

Introdução à teologia eucarística

Vanessa Roberta Massambani Ruthes

2ª edição

Rua Clara Vendramin, 58 . Mossunguê
CEP 81200-170 . Curitiba . PR . Brasil
Fone: (41) 2106-4170 . www.intersaberes.com . editora@intersaberes.com

Conselho editorial
Dr. Alexandre Coutinho Pagliarini
Drª Elena Godoy
Dr. Neri dos Santos
Mª Maria Lúcia Prado Sabatella
Editora-chefe
Lindsay Azambuja
Gerente editorial
Ariadne Nunes Wenger
Assistente editorial
Daniela Viroli Pereira Pinto
Edição de texto
Caroline Rabelo Gomes

Capa e projeto gráfico
Iná Trigo (*design*)
Tatiana Kasyanova/Shutterstock
(imagem)
Diagramação
Estúdio Nótua
Designer responsável
Sílvio Gabriel Spannenberg
Iconografia
Regina Claudia Cruz Prestes
Sandra Lopis da Silveira

Dados Internacionais de Catalogação na Publicação (CIP)
(Câmara Brasileira do Livro, SP, Brasil)

Ruthes, Vanessa Roberta Massambani
  Introdução à teologia eucarística / Vanessa Roberta Massambani Ruthes. -- 2. ed. -- Curitiba, PR : InterSaberes, 2024. -- (Série princípios de teologia católica)

  Bibliografia.
  ISBN 978-85-227-1359-2

  1. Concílio Vaticano (2. : 1962-1965) 2. Documentos oficiais 3. Eucaristia (Liturgia) 4. Eucaristia - Adoração 5. Eucaristia - Teologia 6. Sacramentos - Liturgia I. Título. II. Série.

24-215006   CDD-234.163

Índices para catálogo sistemático:
1. Sacramento da Eucaristia : Teologia cristã   234.163

Cibele Maria Dias – Bibliotecária – CRB-8/9427

1ª edição, 2019.
2ª edição, 2024.
Foi feito o depósito legal.
Informamos que é de inteira responsabilidade da autora a emissão de conceitos.
Nenhuma parte desta publicação poderá ser reproduzida por qualquer meio ou forma sem a prévia autorização da Editora InterSaberes.
A violação dos direitos autorais é crime estabelecido na Lei n. 9.610/1998 e punido pelo art. 184 do Código Penal.

Sumário

Apresentação, 13
Como aproveitar ao máximo este livro, 15
Introdução, 21

1 Fundamentos da teologia eucarística, 23

1.1 Imagens da Eucaristia no Antigo Testamento, 25
1.2 Eucaristia no Novo Testamento, 31
1.3 Princípios fundamentais da teologia eucarística, 38

2 Eucaristia na história e na devoção da Igreja, 49

2.1 Práticas devocionais e primeiras reflexões sobre a Eucaristia na Igreja na Antiguidade (séculos I a IV), 51
2.2 Eucaristia na vida das comunidades cristãs nos séculos IV ao XV, 62
2.3 Eucaristia na vida das comunidades cristãs ortodoxas, 66
2.4 Eucaristia na vida das comunidades cristãs da Igreja de Roma até o século XVI, 68

2.5 Eucaristia no contexto da Reforma Tridentina, 70
2.6 Reflexão sobre a Eucaristia entre o Concílio de Trento e o Concílio Vaticano II, 74

3 Eucaristia na reflexão teológica do Concílio Vaticano II, 81

3.1 Eucaristia como tema dos documentos do Concílio Vaticano II, 83
3.2 Reforma do culto eucarístico no contexto da constituição *Sacrosanctum Concilium*, 89
3.3 Reforma do culto eucarístico e desdobramentos após o Concílio Vaticano II, 94

4 Oração eucarística e a celebração da fé, 107

4.1 Oração eucarística no contexto litúrgico, 109
4.2 Orações eucarísticas no contexto da reforma litúrgica do Concílio Vaticano II, 111
4.3 Fundamentos teológicos das orações eucarísticas, 115

5 Teologia eucarística nos documentos pós-conciliares, 125

5.1 Principais questões teológico-pastorais acerca da Eucaristia no período pós-conciliar, 127
5.2 Documentos do Magistério da Igreja sobre o culto eucarístico, 128
5.3 Documentos do Magistério da Igreja sobre a Eucaristia na vida eclesial, 134

6 Eucaristia e dimensão pastoral, 153

6.1 Orientações sobre o culto do mistério eucarístico na santa missa, 155
6.2 Orientações sobre o culto eucarístico fora da santa missa, 162
6.3 Eucaristia no contexto do diálogo ecumênico, 167

Considerações finais, 175
Lista de abreviaturas, 177
Referências, 179
Bibliografia comentada, 185
Respostas, 187
Sobre a autora, 191

A todas as pessoas que foram modelos de devoção
eucarística em minha vida, em especial meu
pai, João Elísio Ruthes; Dom Bernardo Bonowitz;
Pe. Francisco Dietzler; Pe. Félix Donahue (*in memorian*);
e Pe. Ângelo Carlesso Primo.

"Oh nossa Páscoa Santíssima, Cristo, Sabedoria, Verbo e Poder de Deus, faz que possamos participar de ti de maneira ainda mais manifesta na luz imperecível de teu Reino que há de vir".

(Clément, 2003)

Apresentação

Nesta obra, analisamos de forma clara, objetiva e sistêmica, o sacramento da Eucaristia. Para tanto, temos como pressupostos as reflexões teológicas expressas na Sagrada Escritura e na Sagrada Tradição da Igreja, bem como nas devoções populares, nas orações e nas práticas eclesiais.

No primeiro capítulo, apresentaremos os principais fundamentos da teologia eucarística e esclareceremos as diversas referências à Eucaristia presentes nos livros do Antigo Testamento, analisando as diferentes formas pelas quais a Eucaristia é citada nas narrativas dos evangelhos. Também elucidaremos como sua vivência é apresentada pelos livros do Novo Testamento.

No segundo capítulo, descrevendo o processo histórico de culto e devoção à Eucaristia na história da Igreja, abordaremos como eram realizadas as práticas devocionais e as reflexões teológicas sobre a Eucaristia, dividindo-as em diferentes tempos históricos e, por fim, realizando um estudo sobre os diferentes eventos eucarísticos que confirmaram a fé da comunidade eclesial e reforçaram a reflexão teológica.

No terceiro capítulo, trataremos dos fundamentos e dos desdobramentos da reforma ao culto eucarístico realizada a partir do Concílio Vaticano II. Para tanto, examinaremos o modo como a temática da Eucaristia é abordada nos diversos documentos conciliares. Apresentaremos também os princípios basilares da reforma do culto presentes na constituição dogmática *Sacrosanctum Concilium* e as instruções complementares à reforma do culto eucarístico.

No quarto capítulo, refletiremos acerca dos fundamentos teológico-litúrgicos da Eucaristia. Nessa perspectiva, especificaremos o lócus próprio da oração eucarística no contexto litúrgico, com vistas a entender o processo no qual esta foi reestruturada a partir da reforma litúrgica iniciada no Concílio Vaticano II. Por fim, abordaremos os pressupostos teológicos da atual estruturação das orações eucarísticas.

No quinto capítulo, versaremos sobre a produção teológica concernente à Eucaristia nos anos posteriores ao Concílio Vaticano II. Para tanto, por meio de uma análise histórica, abordaremos a reflexão que o Magistério da Igreja desenvolveu em vários documentos publicados desde 1980.

No sexto capítulo, clarificaremos com base em toda a reflexão desenvolvida nos capítulos anteriores, os aspectos pastorais que envolvem o culto eucarístico. Segmentaremos a reflexão buscando aprofundar três aspectos distintos: o culto à Eucaristia realizado na santa missa, aquele realizado fora da santa missa e a Eucaristia no contexto do diálogo ecumênico.

Esperamos, com esta obra, contribuir para o processo de formação dos leigos no cultivo de uma autêntica devoção à Eucaristia.

Boa leitura!

Como aproveitar ao máximo este livro

Empregamos nesta obra recursos que visam enriquecer seu aprendizado, facilitar a compreensão dos conteúdos e tornar a leitura mais dinâmica. Conheça a seguir cada uma dessas ferramentas e saiba como estão distribuídas no decorrer deste livro para bem aproveitá-las.

Introdução do capítulo

Logo na abertura do capítulo, informamos os temas de estudo e os objetivos de aprendizagem que serão nele abrangidos, fazendo considerações preliminares sobre as temáticas em foco.

Preste atenção!

Apresentamos informações complementares a respeito do assunto que está sendo tratado.

Aprofundando...

Aqui citamos excertos de obras dos principais autores comentados neste livro para auxiliar na compreensão dos temas discutidos.

Importante!

Algumas das informações centrais para a compreensão da obra aparecem nesta seção. Aproveite para refletir sobre os conteúdos apresentados.

Síntese

Ao final de cada capítulo, relacionamos as principais informações nele abordadas a fim de que você avalie as conclusões a que chegou, confirmando-as ou redefinindo-as.

Indicação cultural

Para ampliar seu repertório, indicamos conteúdos de diferentes naturezas que ensejam a reflexão sobre os assuntos estudados e contribuem para seu processo de aprendizagem.

Atividades de autoavaliação

Apresentamos estas questões objetivas para que você verifique o grau de assimilação dos conceitos examinados, motivando-se a progredir em seus estudos.

Atividades de aprendizagem

Aqui apresentamos questões que aproximam conhecimentos teóricos e práticos a fim de que você analise criticamente determinado assunto.

Bibliografia comentada

Nesta seção, comentamos algumas obras de referência para o estudo dos temas examinados ao longo do livro.

Introdução

A história da humanidade é comumente dividida em períodos que apresentam determinado paradigma, o qual forma o modo como as pessoas veem a realidade. A isso nós chamamos *chronos*, tempo cronológico. Esse contexto, no entanto, é atravessado por uma realidade que não se resume a um tempo determinado, mas propõe uma forma diferente de perceber a vida, os valores e o mundo. A tal perspectiva chamamos *kairós* (CIC, n. 302), o tempo que é marcado pela intervenção de Deus, na grande história de amor com seu povo (Cantalamessa, 1989, p. 5). Assim, compreendendo a existência humana sob a ótica da economia da salvação[1], pretendemos inserir a temática da Eucaristia, que não é entendida como um simples acontecimento, mas como o acontecimento.

---

[1] Processo da "revelação que se realiza por meio de ações e palavras intimamente relacionadas entre si, de tal maneira que as obras realizadas por Deus na história da salvação manifestam e confirmam a doutrina e as realidades significadas pelas palavras; e as palavras, por sua vez, declaram as obras e esclarecem o mistério nelas contido" (DV, n. 2).

Uma vez que a Eucaristia é coextensiva à economia da salvação – ou seja, toda esta é presente nela, e ela por sua vez é presente nesta – é importante assinalar que sua presença se dá de três modos diversos: como **figura** no Antigo Testamento, como **evento** no Novo Testamento, como **sacramento** na vida da Igreja. Como figura, a Eucaristia antecipa e prepara o evento (a instituição da Eucaristia), que é prolongado e atualizado pelo sacramento.

Com essas três concepções, podemos afirmar que a Eucaristia é um evento central de toda a economia da salvação, pois nela se concentram as experiências dos hebreus, a salvação impetrada por Cristo e a constante renovação desta nos corações por meio do sacramento (Ford, 1986).

Nessa perspectiva, buscamos conduzir uma reflexão sobre o mistério eucarístico fundamentado na perspectiva teológica católica, que o compreende como fundamento da vida cristã, pois, como afirma João Paulo II, "A Igreja vive da Eucaristia" (EE, n. 1).

1
Fundamentos da teologia eucarística

Neste capítulo, apresentaremos os principais pressupostos da teologia eucarística. Para tanto, faremos uma incursão nas narrativas do Antigo Testamento, coletando diversas referências à Eucaristia presentes em seus livros. Posteriormente, analisaremos de que modo ela aparece nas narrativas dos evangelhos e como sua vivência é apresentada nos livros do Novo Testamento.

1.1 Imagens da Eucaristia no Antigo Testamento

Apesar de o evento eucarístico ser um fato do Novo Testamento, é possível, tendo em vista uma interpretação tipológica[1], reconhecer em diversas narrativas do Antigo Testamento a presença de elementos que remetem à Eucaristia. Um exemplo é a passagem do livro de Nm 28,19-25, a narrativa sobre a celebração da Páscoa, que descreve a celebração do sacrifício do cordeiro, sem mancha, e a oblação utilizando a flor de farinha amassada. Esses dois elementos constituem prefigurações do sacrifício de Cristo na cruz, o Cordeiro imolado sem mancha, que na ceia com seus discípulos se torna pão.

Segundo Beauchamp (2007), esses elementos estão sempre relacionados à ritualização e ao sacrifício, que são práticas basilares da religião do povo de Israel. O rito deve ser entendido como um conjunto de gestos e atitudes de ordem simbólica, que, expressando o conteúdo

---

1 A interpretação tipológica nos permite estabelecer uma relação entre eventos do Antigo e do Novo Testamentos. "Na relação com os eventos do Novo Testamento, os acontecimentos e as pessoas do Antigo Testamento se tornam tipos para os antítipos do Novo Testamento, superiores àqueles. Os tipos são sombras antecipadas e prefigurações do evento definitivo da salvação, atestado pelo Novo Testamento. A história das tradições valorizada teologicamente e a tipologia constituem, pois, o arcabouço que mantém a da teologia do Antigo Testamento e, ao mesmo tempo, a ponte do Antigo para o Novo Testamento" (Gunneweg, 2005, p. 50).

de uma fé, busca a conexão com Deus (Santidrián, 1996). O sacrifício, por sua vez, deve ser compreendido como um rito teofânico, no qual temos a manifestação de Deus. Esse rito "traduz a aspiração a restabelecer a comunicação com Deus, tem como função buscar a manifestação de Deus em vista de obter uma bênção" (Lacoste, 2004, p. 1584). Essa aspiração relaciona-se ao reconhecimento que o humano tem de Deus. Segundo Aldazábal (2018b),

> por humilde reconhecimento da sua dependência, para lhe dar graças, para expiar os pecados, ou para suplicar a sua ajuda. Oferece-se-lhe algo que se aprecia: [o que] supõe sempre uma renúncia (imolação) de si ou das próprias posses, também com um sentido de identificação da coisa sacrificada com a comunidade ou a pessoa que a oferece.

Na religião de Israel, existiam três tipos de sacrifícios. A **oferenda** de primícias do que era produzido (Dt 26,1-11); os **holocaustos**, que eram realizados como forma de louvor, homenagem e busca de comunhão com Deus (Lv 7,11-15); e os **sacrifícios de expiação**, que eram realizados para a reparação dos pecados (Lv 4,1-4,13-14). Apesar dos diversos objetivos e das diferenças rituais, esses três tipos de sacrifício tinham em comum as oferendas a Deus: animais e produtos da terra. Esses elementos pertencem a dois domínios simbólicos bem diferentes, que merecem análise para que seus significados sejam bem compreendidos.

Os animais, para o povo do Antigo Testamento, não eram apenas fonte de renda ou de alimento. Havia um relacionamento íntimo entre o humano bíblico e seus animais. Em algumas passagens, em que cordeiros são sacrificados, imolados, no lugar de primogênitos, essa compreensão fica clara. As passagens do sacrifício de Isaac (Gn 22) e, principalmente, dos primogênitos hebreus poupados ao preço de um cordeiro na celebração da Páscoa no Egito (Ex 12,1-13) demonstram essa relação.

Os produtos da terra, por sua vez, provenientes da agricultura, estão na base da vida humana e animal. Segundo Beauchamp (2007), o alimento vegetal era "o objeto primeiro da súplica e do dom", porque assegurava o mínimo e o indispensável para a existência. Entre esses elementos estão o pão e o vinho. O primeiro, sempre representado pelo cereal e pela farinha, é um dos bens concedidos por Deus mais considerados pelo povo hebreu. O vinho se enquadra nos dois tipos de oferta, pois é um produto da terra que foi elaborado pelo homem, pertencendo, portanto, à história. Compreendidos desse modo, pão e vinho aparecem em diversas passagens do Antigo Testamento (Dt 7,13; 11,14; 12,17; 28,38-42; 32,13-14; 2Rs 18,32; Jr 31,12; Os 2,7.10; Jl 1,9-14). Eles referenciam o dom, a perda ou, ainda, a esperança da Terra Prometida, da liberdade futura ou do Reino futuro.

Compreendendo a relação entre ritual e sacrifício e a presença de determinados elementos em sua realização, é possível encontrar diversas passagens no Antigo Testamento que contemplam a Eucaristia, exaltando as disposições necessárias para a realização do sacrifício e as dádivas que dele provêm. Em especial, aqui vamos analisar quatro narrativas que consideramos centrais: o sacrifício oferecido por Melquisedec, o sacrifício de Isaac, o maná do deserto e a celebração da Páscoa judaica (Cantalamessa, 1989, p. 7-9).

A **primeira narrativa** insere-se no contexto em que Abraão, após ter vencido vários reis cananeus, pela mediação de Melquisedec, celebrou ação de graças pelas vitórias de Deus.

> Quando Abrão voltou, depois de ter derrotado Codorlaomor e seus reis que estavam com ele, o rei de Sodoma foi ao seu encontro no vale de Save (que é o vale do rei). Melquisedec, rei de Salém, trouxe pão e vinho; ele era sacerdote do Deus Altíssimo. Ele pronunciou esta benção: "Bendito seja Abrão pelo Deus Altíssimo que criou o céu e terra, e bendito seja o Deus Altíssimo que entregou teus inimigos entre tuas mãos!" E Abrão lhe deu o dízimo de tudo. (Gn 14,17-20)

Percebemos que, na ação de graças realizada por Melquisedec[2], são utilizados pão e vinho, e é realizada uma bênção de ação de graças. Aqui devemos notar a figuração da ceia derradeira na qual Cristo toma o pão e o vinho, dá graças e os abençoa e os distribui aos discípulos. Isso se confirma em duas outras passagens que enfocam a questão.

A primeira é: "Iahweh jurou e jamais desmentirá: Tu és sacerdote para sempre, segundo a ordem de Melquisedec" (Sl 110,4), na qual o salmista, referindo-se ao Messias, reconhece seu sacerdócio pleno e eterno, segundo a ordem do primeiro sacerdote, Melquisedec.

A segunda passagem encontra-se na Epístola aos Hebreus, quando o autor sacro[3] compara Melquisedec a Cristo e a este atribui um sacerdócio eterno, que foi constituído "não segundo a regra de uma prescrição carnal, mas de acordo com o poder de uma vida imperecível" (Hb 7,16).

A **segunda narrativa** a ser destacada é o sacrifício de Isaac (Gn 22). Como prova de fidelidade de Abraão, Deus pediu-lhe o sacrifício de seu primogênito (Gn 22,1-2). Todavia, após perceber a fidelidade do patriarca, que estava prestes a consumar o ato, o Senhor não permitiu que ele o cumprisse (Gn 22,12). Nesse contexto, é importante analisarmos os símbolos que se fazem presentes.

O primeiro é a questão da primogenitura: ao oferecer seu primogênito, Abraão estaria realizando um sacrifício de louvor a Deus. O segundo é o cordeiro que aparece preso pelos chifres e que foi oferecido a Deus no lugar de Isaac. Os dois símbolos prefiguram a experiência de Cristo na cruz (Jo 19,17-19). Ele, o primogênito de Deus, o Cordeiro sem mancha, é sacrificado não em razão do louvor, mas da expiação: "Com efeito, de

---

2 Melquisedec é um personagem bíblico que aparece em três passagens específicas (Gn 14; Sl 109; Hb 7), nas quais podemos inferir sua relação intrínseca com a figura do Messias. O sacerdócio exercido por Melquisedec não provém da linhagem dos levitas e neste sentido já prefigura o sacerdócio messiânico que será exercido pelo Cristo.

3 Destacamos que estudos bíblicos atuais evidenciam que, apesar de ter sido atribuída a Paulo, a autoria da Epístola aos Hebreus é desconhecida. Possivelmente foi escrita no período que antecede a destruição do Templo de Jerusalém (70 d.C.).

tal modo Deus amou o mundo, que lhe deu seu Filho único, para que todo o que nele crer não pereça, mas tenha a vida eterna" (Jo 3,16).

A **terceira narrativa** a ser citada é a do maná, o pão que veio do céu com o qual Deus alimentou o povo hebreu no deserto, quando havia saído do Egito (Ex 16,32). Há diversas menções ao maná na Sagrada Escritura, identificado como pão dos fortes (Sl 77,25), que dá vigor e discernimento espiritual ao ser humano. Esse discernimento é responsável pela compreensão de que não são os frutos da terra que alimentam a vida humana, mas a palavra de Deus que a conserva e a sustenta (Sb 16,25-26). No Evangelho segundo João, na narração da multiplicação dos pães, há a mesma compreensão. Após serem alimentados pelo pão, alimento terrestre, os que acompanhavam Jesus pedem-lhe um sinal; reportando-se ao maná, Jesus afirma ser ele mesmo o pão do céu, o verdadeiro pão, que alimenta a fé (Jo 6,28-35). Nessa perspectiva, percebemos, na figura do maná, a presença figurada da Eucaristia, o pão, que fortifica o ser humano em sua caminhada espiritual.

A **quarta narrativa** que guarda o sentido da presença da Eucaristia é a da celebração da Páscoa judaica. No capítulo 12 do livro do Êxodo, consta a narração de tal acontecimento. Com o sangue de um cordeiro imolado, a soleira da porta de cada família israelita foi marcada para que seus primogênitos fossem poupados. Esse gesto ritual demonstrou o favor de Deus para com seu povo e culminou em sua libertação da escravidão no Egito. Esse fato é de profunda importância na história de Israel e também para a percepção de figuras da Eucaristia no Antigo Testamento. A fé do povo de Israel na justiça de Deus era tão grande que, mesmo antes da libertação, seus louvores já eram proferidos. Essa ceia foi celebrada durante os séculos como memorial de tão grande feito (Ex 12,42) e espera da eterna e verdadeira Páscoa. Como afirma Cantalamessa: "A Páscoa era o memorial e o aniversário das quatro noites mais importantes do mundo: da noite da criação, quando a luz brilhou nas trevas, da noite do sacrifício de Isaac por Abraão, da noite da saída do Egito e da noite, ainda futura, da vinda do Messias" (1989, p. 9). Cabe ainda ressaltar, em especial, a profecia de Malaquias acerca da oblação pura sacrificada em todos os lugares.

> Vossos olhos verão isso e direis: Iahweh é grande, muito além das fronteiras de Israel! Um filho honra o pai, um servo teme o seu senhor. Mas se eu sou pai, onde está a minha honra? Se eu sou senhor, onde está o meu temor? Disse Iahweh dos Exércitos a vós, os sacerdotes que desprezais o meu Nome. — Mas vós dizeis: Em que desprezamos o teu Nome? — Ofereceis sobre o meu altar alimentos impuros. — Mas dizeis: Em que te profanamos? — Quando dizeis: A mesa de Iahweh é desprezível. Quando trazeis um animal cego para sacrificar, isto não é mal? Quando trazeis um animal coxo ou doente, isto não é mal? Oferece-os ao teu governador, acaso ficará contente com isso, ou receber-te-á amigavelmente? Disse Iahweh dos Exércitos. E agora quereis aplacar a Deus, para que tenha piedade de nós (e, contudo, de vossas mãos vêm estas coisas): acaso vos receberá amigavelmente? Disse Iahweh dos Exércitos! Quem entre vós, pois, fechará as portas para que não acendam o meu altar em vão? Não tenho prazer algum em vós, disse Iahweh dos Exércitos, e não me agrada a oferenda de vossas mãos. Sim, do levantar ao pôr-do-sol, meu Nome será grande entre as nações, e em todo lugar será oferecido ao meu Nome um sacrifício de incenso e uma oferenda pura. Porque o meu Nome é grande entre os povos! Disse Iahweh dos Exércitos. Vós, contudo, o profanais, dizendo: A mesa do Senhor é manchada, e desprezível o seu alimento. Vós dizeis: Eis, que canseira! e me desprezais, disse Iahweh dos Exércitos. Trazeis o animal roubado, o coxo ou o doente e o ofereceis em sacrifício. Posso eu recebê-lo com agrado de vossas mãos? Disse Iahweh dos Exércitos. Maldito o embusteiro que tem em seu rebanho um animal macho, mas consagra e me sacrifica um animal defeituoso. Pois eu sou um grande rei, disse Iahweh dos Exércitos, e o meu Nome é temido entre as nações. (Ml 1,5-14)

Nessa passagem, o profeta inicia expondo a predileção divina pelo seu povo, para depois recriminar os pecados dos sacerdotes que desprezavam o nome do Senhor (Ml 1,6) e ofereciam alimentos impuros (Ml 1,7) e vítimas imperfeitas e doentes (Ml 1,8). Com tais dons, eles não podiam agradar o Senhor. Na sequência, vem a profecia: "Sim, do levantar ao pôr do sol meu Nome será grande entre as nações, e em todo lugar será oferecido ao meu Nome um sacrifício de incenso e uma oferenda pura" (Ml 1,11). O profeta, portanto, vendo a situação de negligência de seu tempo, se transpõe para o futuro e sinaliza o sacrifício definitivo que será oferecido por todo o mundo: o de Cristo, Ele, o Cordeiro de Deus (Jo 1,36), tendo sua vida imolada por nós, nos libertou da morte eterna e da escravidão do pecado (Rm 6,1-14; 1Jo 2,12; 1Pd 2,24-25).

Há, portanto, uma série de passagens nas quais encontramos a Eucaristia prefigurada no Antigo Testamento. Essas passagens preanunciam o evento eucarístico que acontece na pessoa de Cristo e é narrado no Novo Testamento.

1.2 Eucaristia no Novo Testamento

No Novo Testamento, constam as narrações da instituição da Eucaristia a partir da ceia do Senhor. Entretanto, em outras passagens, encontramos também referências a ela, como na multiplicação dos pães, narrada pelos quatro evangelistas (Mt 14,13-21; 15,32-39; Mc 6,30-44; 8,1-9; Lc 9,11-17; Jo 6,1-13).

Em Mateus e em Marcos, há o relato de duas multiplicações. Neste último evangelista, em especial, há um diferencial narrativo: a compaixão de Jesus, que percebeu que as pessoas que o seguiam "estavam como ovelhas sem pastor. E começou a ensinar-lhes muitas coisas" (Mc 6,34), doando-lhes primeiro o alimento espiritual, o pão dos fortes, sua Palavra, para depois saciar a fome física.

Na segunda narração, essa distinção fica mais clara. A multidão estava seguindo Jesus há três dias, já alimentada com a Palavra de Deus, mas sem alimento físico, podendo vir a desfalecer. Cristo, percebendo isso, "mandou que a multidão se assentasse pelo chão e, tomando os sete pães, deu graças, partiu-os e deu-os aos seus discípulos para que eles os distribuíssem" (Mc 8,6). Em tal atitude de Jesus, encontramos uma descrição – **tomou** o pão, **deu graças** e **partiu** – que utiliza a mesma lógica estrutural da ceia eucarística; podemos, portanto, compreender essa passagem como prefiguração da Eucaristia.

Na multiplicação dos pães relatada por João, verificam-se os mesmos elementos e também um discurso posterior de Jesus:

> Eu sou o pão da vida. Vossos pais no deserto comeram o maná e morreram. Este pão é o que desce do céu para que não pereça quem dele comer. Eu sou o pão vivo descido do céu. Quem comer deste pão viverá eternamente. E o pão que eu darei é a minha carne para a vida do mundo. Os judeus discutiam entre si, dizendo: "Como este homem pode dar-nos a sua carne a comer?" Então Jesus lhes respondeu: Em verdade, em verdade, vos digo: se não comerdes a carne do Filho do Homem e não beberdes o seu sangue, não tereis a vida em vós. Quem come a minha carne e bebe o meu sangue tem a vida eterna, e eu o ressuscitarei no último dia. Pois a minha carne é verdadeiramente uma comida e o meu sangue é verdadeiramente uma bebida. Quem come a minha carne e bebe o meu sangue permanece em mim, e eu nele. Assim como o Pai, que vive, me enviou e eu vivo pelo Pai, também aquele que de mim se alimenta viverá por mim. Este é o pão que desceu do céu. Ele não é como o que os pais comeram e pereceram; quem come este pão viverá eternamente". (Jo 6,48-58)

Trata-se do discurso do pão da vida. Após a multiplicação dos pães, a multidão que seguia Jesus ainda não compreendera quem ele era, nem o significado de seus milagres. Assim, pediram-lhe um sinal e Cristo, partindo da interpretação do maná, enviado por Deus como sinal aos israelitas no deserto, afirmou que Ele mesmo é o sinal. Ele é o verdadeiro pão que desceu do céu, por meio de quem a vida não é somente garantida, mas também revivificada. Utilizando elementos que são parte das narrativas da ceia – corpo e sangue –, Cristo salienta que o humano não poderá ter vida em si mesmo (Jo 6,53). Em outras palavras, somente "Quem come deste pão viverá eternamente" (Jo 6,58), pois participará da salvação por Ele ofertada, por meio de seu sacrifício na cruz.

O centro dos relatos acerca da Eucaristia, portanto, está na narração da ceia do Senhor com seus discípulos. Esta é retratada nos três primeiros evangelhos, os sinóticos, e por Paulo em uma de suas cartas. No Evangelho segundo João, não há um relato que possa ser remetido à ceia. Por quê? Segundo Padoin (1999), trata-se de uma diferença de ordem cronológica e teológica. Os evangelistas sinóticos (Mateus, Marcos e Lucas) e Paulo descrevem uma ceia realizada de forma antecipada ao calendário oficial, na qual não havia cordeiro – os elementos que o substituem são o pão e o vinho, o Corpo e o Sangue de Jesus, o Cordeiro que no dia seguinte seria imolado. João, por sua vez, faz coincidir a imolação do Cordeiro de Deus com o horário em que os cordeiros eram imolados no templo por ocasião da Páscoa.

Assim, podemos perceber que essa ceia se constitui em uma ceia pascal, o que remete a um significado muito profundo de seu contexto, que deve ser entendido com base na ótica da economia da salvação, apropriando-se de seu significado redentor.

Preste atenção!

A ceia realizada por Jesus com seus discípulos antes de morrer pode ser entendida como uma ceia pascal não apenas por ter sido realizada no contexto em que a festa da Páscoa estava sendo celebrada em Jerusalém, mas por uma série de características que a envolvem e que nos ajudam a categorizá-la como tal. Algumas dessas circustâncias são:

- teve como lugar Jerusalém;
- foi celebrada à noite, característica que só as celebrações pascais tinham;
- concluiu-se com um hino de ação de graças pascal (Jeremias, 1973).

No que tange à redação dos textos que narram a ceia, é possível observar que se referem a um mesmo fato que contém em si gestos, palavras e elementos que o categorizam. Observe o quadro a seguir.

Quadro 1.1 – Análise das narrações da ceia do Senhor no Novo Testamento

Evangelho segundo Mateus (Mt 26,20-30)	Evangelho segundo Marcos (Mc 14,12-26)	Evangelho segundo Lucas (Lc 22,14-20)	1ª Epístola de Paulo aos Coríntios (1Cor 11,23-26)
Ao cair da tarde, pôs-se Jesus à mesa com os Doze [...].	[...] Ao cair da tarde, Ele foi para lá com os Doze. E quando estavam à mesa, comendo [...]	Quando chegou a hora, ele se pôs à mesa com seus apóstolos e disse-lhes: Desejei ardentemente comer esta páscoa convosco antes de sofrer [...].	

(continua)

(Quadro 1.1 – conclusão)

Evangelho segundo Mateus (Mt 26,20-30)	Evangelho segundo Marcos (Mc 14,12-26)	Evangelho segundo Lucas (Lc 22,14-20)	1ª Epístola de Paulo aos Coríntios (1Cor 11,23-26)
[...] Enquanto comiam, Jesus tomou o pão e, tendo-o abençoado, partiu-o e, distribuindo-o aos discípulos, disse: "Tomai e comei, isto é meu corpo".	Enquanto comiam, Ele tomou um pão, abençoou, partiu-o e distribuiu-lhes, dizendo: "Tomai, isto é o meu corpo". [...]	E tomou um pão, deu graças, partiu e distribuiu-o a eles, dizendo: "Isto é o meu corpo que é dado por vós. Fazei isto em minha memória.	Com efeito, eu mesmo recebi do Senhor o que vos transmiti: na noite em que foi entregue, o Senhor Jesus tomou o pão e, depois de dar graças, partiu-o e disse: "Isto é o meu corpo, que é para vós; fazei isto em memória de mim".
Depois, tomou o cálice e, dando graças, deu-lho, dizendo: Bebei dele todos, pois isto é meu sangue, o sangue da Aliança, que é derramado por muitos para remissão dos pecados. [...]	Depois, tomou um cálice e, dando graças, deu-hes e todos dele beberam. E disse-lhes: "Isto é o meu sangue, o sangue da Aliança, que é derramado em favor de muitos.	E, depois de comer, fez o mesmo com o cálice, dizendo: "Este cálice é a Nova *Aliança* em *meu sangue*, que é derramado em favor de vós. [...]"	Do mesmo modo, após a ceia, também tomou o cálice, dizendo: "Este cálice é a nova Aliança em meu sangue; todas as vezes que dele beberdes, fazei-o em memória de mim". Todas as vezes, pois, que comeis desse pão e bebeis desse cálice, anunciais a morte do Senhor até que venha.

Os elementos comuns que nos ajudam a compreender a estrutura da ceia são: a atitude de abençoar (em Mateus e Marcos) ou o ato de dar graças (Lucas e Paulo); as palavras e os gestos tanto sobre o pão, quanto sobre o vinho, indicando (Mateus e Marcos) ou não (Lucas e Paulo) a continuidade perfeita da ação; e o mandato de repetir esse ato em memória d'Ele (Lucas e Paulo).

Salientamos também que em todas essas narrativas há o enfoque na passagem da antiga para nova Aliança, da antiga para a nova Páscoa. Por meio dela, são preanunciadas a iminente morte de Cristo e sua passagem para a vida nova; assim como a atualização do memorial que a Páscoa representava, passando a ser, segundo Padoin (1999, p. 21):

o mandato do memorial e a essencial eficácia salvífica do evento redentor; o banquete pascal como profecia que proclama o futuro da salvação; a presença nova do sacrifício do Cordeiro imolado cujo sangue é sinal de redenção para todos os seres humanos.

Esses relatos acentuam o momento do sacrifício puro, profetizado por Malaquias, da imolação mística do Cordeiro: "Sim, do levantar ao pôr do sol, meu Nome será grande entre as nações, e em todo lugar será oferecido ao meu nome um sacrifício e uma oferenda pura" (Ml 1,11).

Aprofundando...

No NT [Novo Testamento], não tem grande importância o conceito clássico de sacrifício: só o de Jesus Cristo. Assim como Ele é o verdadeiro sacerdote e Mestre, é também de uma vez por todas o Sacrifício definitivo, aquele que, com o seu Sangue, estabelece e rubrica a Nova Aliança. O que Moisés tinha dito em Ex 24,8 sobre o sangue dos animais ("Eis o sangue da aliança que o Senhor concluiu convosco"), agora, os Evangelhos, sobretudo Mateus e Marcos, no relato da Última Ceia, aplicam-no ao Sangue de Cristo, que selará a Nova Aliança ("este é o Sangue da Nova Aliança").

Jesus Cristo, cuja vida inteira já tinha sido entrega [sic] pelos outros e oferecida ao Pai, culmina este sacrifício pela humanidade entregando-se a si mesmo até à morte, superando e levando à plenitude todos os outros sacrifícios [...]." (Aldazábal, 2018c)

No contexto do evangelho de João, como já pontuamos, não há a narração da ceia. Em verdade, o evangelista acentua o momento da imolação real: na ceia, Jesus imolou-se a si mesmo; sobre a cruz, foi imolado pelos outros. Isso indica que ninguém podia tirar-lhe a vida se Ele não a tivesse oferecido livremente, tendo o poder de oferecê-la e de retomá-la

(Jo 10,18). Segundo a narrativa expressa no capítulo 19 do Livro de João, no momento da imolação, são instituídas, sobre a cruz, a Páscoa cristã e a Eucaristia. É por meio dessa imolação que a vida nova pode, efetivamente, se tornar uma realidade na vida humana: Cristo, uma só vez, na plenitude dos tempos, anulou o pecado por meio do sacrifício de si mesmo (Hb 9,26).

Cabe ainda ressaltar uma dimensão enfatizada por João: a do serviço. Antes de celebrar a ceia, Jesus lavou os pés de seus discípulos (Jo 13,1-17) e, na sequência, pronunciou o novo mandamento, o da Nova Aliança: "Como eu vos amei, amai-vos também uns aos outros. Nisto todos reconhecerão que sois meus discípulos, se tiverdes amor uns pelos outros" (Jo 13,34-35).

Assim, a Eucaristia se relaciona com uma série de dimensões da existência: soteriológica[4], espiritual, celebrativa, comunitária, entre outras. Essas características são perceptíveis nas passagens do Livro dos Atos dos Apóstolos, em que estão presentes as práticas eucarísticas. É importante salientar que essas práticas tinham formatos diversos e são identificadas no texto bíblico por meio da expressão *partir o pão*, que "relaciona-se simbolicamente com o passado de Jesus, com a sua ceia, e ao novo modo com que Ele se faz presente" (Padoin, 1999, p. 69). Uma passagem em que essa compreensão fica clara é a narração sobre a vida das primeiras comunidades cristãs: "Dia após dia, unânimes, [...] partiam o pão pelas casas [...] com alegria e simplicidade de coração. Louvavam a Deus [...]. E o Senhor acrescentava cada dia ao seu número os que seriam salvos" (At 2,46-47).

---

4 Que se relaciona à história da salvação.

1.3 Princípios fundamentais da teologia eucarística

Como demonstramos na seção anterior, a Eucaristia esteve presente na vida da Igreja desde as primeiras comunidades cristãs, constituindo-se como a "fonte e o centro de toda a vida cristã" (LG, n. 11). Entretanto, para esclarecermos o significado dessa afirmação, é de suma importância termos em mente as três dimensões que integram o mistério da Eucaristia: a **presença**, o **sacrifício** e a **comunhão**. Como afirma João Paulo II: a Eucaristia é "ao mesmo tempo Sacramento-Sacrifício, Sacramento-Comunhão e Sacramento-Presença" (RH, n. 20).

Tais dimensões se fazem notar na narração da instituição da Eucaristia: "E tomou um pão, deu graças, partiu e distribuiu-o a eles, dizendo: 'Isto é o meu corpo que é dado por vós. Fazei isto em minha memória'" (Lc 22,19).

Quadro 1.2 – Análise das três dimensões que integram o mistério eucarístico

"E tomou um pão, deu graças, partiu e distribuiu-o"	Comunhão	Jesus é Deus em nós
"Isto é o meu corpo"	Presença	Jesus é Deus conosco
"que é dado por vós"	Sacrifício	Jesus é Deus por nós

Essas dimensões também revelam a amplitude que a vivência desse sacramento doa à Igreja, tendo em vista que "o mistério eucarístico – sacrifício, presença, banquete – não permite reduções nem instrumentalizações" (EE, n. 61). Assim, a Eucaristia se constitui na perene atualização do sacrifício de Cristo, nutrindo a Igreja do pão vivo que constitui seu Corpo e seu Sangue (EE, n. 7).

Aprofundando...

> "Jesus Cristo, que morreu, que ressuscitou, que está à direita de Deus, que intercede por nós" (Rm 8,34), está presente na sua Igreja de múltiplos modos [...]. *"sobretudo sob as espécies eucarísticas"*. O modo da presença de Cristo sob as espécies eucarísticas é único. Ele eleva a eucaristia acima de todos os sacramentos e faz dela "como que a perfeição da vida espiritual e o fim para que tendem todos os sacramentos". No santíssimo sacramento da eucaristia estão "contidos, *verdadeira, real e substancialmente*, o corpo e o sangue, conjuntamente com a alma e a divindade de nosso Senhor Jesus Cristo e, por conseguinte, *Cristo completo*". "Esta presença chama-se "real", não a título exclusivo como se as outras presenças não fossem "reais", mas por excelência, porque é *substancial*, e porque por ela se torna presente Cristo completo, Deus e homem". (CIC, n. 1373-1374)

Sob essa ótica, é importante compreender a diferença entre o evento eucarístico, anteriormente descrito, e o sacramento. Do mesmo modo, é primordial entender as distinções entre a história e a liturgia.

Santo Agostinho afirmava que, como se sabe, "Cristo morreu uma só vez por nós, mas o sacramento [eucarístico] constantemente é renovado por meio da celebração no coração da Igreja" (Agostinho, 1966, p. 313). Para fazer essa distinção, o doutor da Igreja utiliza dois verbos para professar essa verdade de fé: *renovar* e *celebrar*. Estes podem ser considerados precisos, pois a missa renova o evento da cruz celebrando-o, e não reiterando-o, ou seja, repetindo-o. Da mesma forma, celebra-o renovando-o, e não somente o recordando.

Santo Tomás de Aquino, por sua vez, reafirma essa verdade de fé demonstrando que ela se constitui em uma inovação em relação à antiga lei:

Pelos sentidos não é possível apreciar que estejam neste sacramento o verdadeiro corpo e o sangue de Cristo, mas sim somente pela fé, que se apoia na autoridade de Deus [...] E isto convém à perfeição da nova lei. Pois se os sacrifícios da velha só continham em forma de figura o sacrifício da paixão de Cristo [...] convinha que o sacrifício da nova lei contivesse algo mais, instituído por Cristo; quer dizer, que contivesse o mesmo Cristo sacrificado, não somente em significado ou figura, mas também em realidade. (Aquino, 2009, III, q.75, a.1)

Aprofundando...

[Cristo] nosso Deus e Senhor ofereceu-se a si mesmo a Deus Pai, uma vez por todas, morrendo como intercessor sobre o altar da cruz, a fim de realizar por eles (os homens) uma redenção eterna. Todavia, como a sua morte não devia pôr fim ao seu sacerdócio, na última ceia, na noite em que foi entregue, quis deixar à Igreja, sua esposa muito amada, um sacrifício visível (feito presente), o sacrifício cruento que ia realizar-se uma vez por todas, uma única vez na cruz, sacrifício este cuja memória haveria de perpetuar-se até o fim dos séculos e cuja virtude salutar haveria de aplicar-se à redenção dos pecados que cometemos cada dia. (CIC, n. 1366)

A Igreja vive continuamente do sacrifício redentor, e tem acesso a ele não só através duma lembrança cheia de fé, mas também com um contato atual, porque este sacrifício volta a estar presente, perpetuando-se, sacramentalmente, em cada comunidade que o oferece pela mão do ministro consagrado. (EE, n. 12)

Contudo, a Eucaristia não só se constitui fundamento, mas também "fonte de unidade eclesial" (MND, n. 21). São Paulo, em sua carta à comunidade de Corinto, evoca exatamente a questão da unidade de todos os filhos de Deus em torno da Eucaristia, pois, se todos partilham o pão, Corpo de Cristo, e o cálice, Sangue de Cristo, formam, por meio de uma união espiritual, um só corpo, a Igreja de Deus. "O cálice da bênção que abençoamos não é a comunhão com o sangue de Cristo? O pão que partimos não é a comunhão com o corpo de Cristo? Já que há um único pão, nós, embora muitos, somos um só corpo, visto que todos participamos desse único pão" (1Cor 10,16-17).

Aprofundando...

Por que esse corpo vos é apresentado sob a forma de pão? Lembrai-vos que o pão não é formado de um só grão, mas de muitos grãos de trigo. Para que haja aparência visível de pão, foi necessário que muitos grãos reduzidos a farinha fossem misturados com água, e assim nos dessem uma figura que chamasse a atenção para o que a Sagrada Escritura nos diz dos primeiros fiéis: "Eles possuíam um só coração e uma só alma" (At 4,32). Dá-se o mesmo com o vinho. As uvas estão ligadas em grande número a um cacho, mas o licor contido em cada uva se mistura e se confunde na unidade. Foi assim que nosso Senhor quis ser a figura, o símbolo do que somos; ele quis nos unir inteiramente a si; e consagrou sobre sua mesa o mistério de nossa paz e de nossa unidade. (Agostinho, 1966, p. 304)

A argumentação é linear: a nossa união com Cristo, que é dom e graça para cada um, faz com que, n'Ele, sejamos parte também do seu corpo total que é a Igreja. (EE, n. 23)

Esse modelo de unidade é evocado por Cristo, em sua Oração Sacerdotal: "a fim de que todos sejam um. Como tu, Pai, estás em mim e eu em ti, que eles estejam em nós, para que o mundo creia que tu me enviaste" (Jo 17,21). Esse vínculo é tão intenso que, por exemplo, na experiência de Saulo com Jesus, Ele não se identifica e pergunta por que Saulo perseguia os que seguiam Sua doutrina pregada pelos apóstolos, mas diz: "Eu sou Jesus, a quem tu estás perseguindo" (At 9,5), tornando clara, portanto, essa união, que é "hierárquica, fundada na consciência das diversas funções e ministérios [...] é comunhão fraterna, cultivada com uma espiritualidade de comunhão que nos leva a sentimentos de recíproca abertura, estima compreensão e perdão" (MND, n. 21).

Aprofundando...

> Cada um em particular e todos juntos estais reunidos na mesma fé, em Jesus Cristo, Filho do Homem e Filho de Deus, para obedecer ao bispo e ao presbiterium, na concórdia, partindo o mesmo pão que é remédio de imortalidade, antídoto para não morrer, mas para viver em Jesus Cristo para sempre. (Inácio de Antioquia, Carta aos Efésios, 20,2 citado por Clément, 2003, p. 109)

> A Igreja é o povo unido ao seu bispo [...] Assim, deves saber que o bispo está na Igreja e a Igreja no bispo. (Cipriano De Cartago, Carta 66,8,3, citado por Clément, 2003, p. 109)

Por meio da Eucaristia, a comunidade é integrada ao Corpo de Cristo, e os fiéis são também membros uns dos outros. A Eucaristia renova, confirma e aprofunda a **consubstancialidade**, a unidade ontológica de todos os homens. Assim, a Eucaristia funda a universalidade da Igreja, sua existência "segundo o todo, segundo a plenitude de uma verdade que é vida e amor, comunhão dos santos enraizada na comunhão das 'coisas santas', isto é, do corpo e sangue de Cristo" (Clément, 2003, p. 106). Como exclama Santo Agostinho (1999, p. 187): "Ó sacramento de amor! Ó símbolo de unidade! Ó laço de caridade!".

Aprofundando...

> Homens, mulheres, crianças, profundamente divididos quanto à raça, à nação, à língua, à classe, ao trabalho, à ciência,

> à dignidade, à fortuna [...], a todos a Igreja recria no Espírito. Imprime em todos igualmente uma forma divina. Todos recebem dela uma natureza única que não pode ser dividida, uma natureza que não permite mais levar em consideração as múltiplas e profundas diferenças que os afetam. Todos se acham unidos de maneira verdadeiramente católica. Na Igreja ninguém está separado da comunidade, todos se fundem, por assim dizer, uns nos outros, pela força simples e indivisível da fé [...]. Cristo é tudo em todos, ele que assume em si todas as coisas, segundo o poder infinito e sapientíssimo de sua bondade, como um centro para onde convergem as linhas, a fim de que as criaturas do Deus único não permaneçam estranhas e inimigas umas das outras, sem terem um lugar comum onde manifestar sua amizade e sua paz. (Máximo, Confessor, Mistagogia, 1, citado por Clément, 2003, p. 107)

Esse vínculo de **unidade entre os cristãos** está presente não só na partilha do pão, do amor, mas também no auxílio nas necessidades temporais, recordando as recomendações de Cristo de que, quando se faz algo em benefício de um dos seus, é a Ele que se faz (Mt 25,45).

Aprofundando...

> Queres honrar o corpo do Salvador? Não o desprezes quando está nu. Não o veneres na Igreja com vestes de seda, enquanto deixas fora, morrendo de frio, o que está nu. Aquele que disse: "isto é meu corpo", e o realizou por sua palavra, disse: "Vós me vistes com fome e não me destes de comer. O que não fizestes a um dos mais humildes foi a mim que o recusastes!" Honra-o, portanto, partilhando tua fortuna com os pobres, pois Deus não precisa de cálices de ouro, mas de almas de ouro. (João Crisóstomo, sobre Mateus, homilia 50,3, citado por Clément, 2003, p. 111)

Acima de tudo, a Eucaristia possibilita ao ser humano tornar-se um novo Cristo no mundo. Como afirma Santo Agostinho (1997, p. 78): "Eu sou o pão dos fortes; cresce, e de mim te alimentarás. Não me transformarás em ti, como fazes com o alimento do corpo, mas te transformarás em mim". Podemos afirmar, assim, que a Eucaristia determina não somente o ser, o fundamento da Igreja e a comunhão – vínculo de unidade dos cristãos – mas também sua maneira de ser no mundo: que deve ser de partilha, de serviço, de ânimo que se renova pela Eucaristia, para a efetivação da comunhão de todos os homens e para a construção do Reino. A virtude própria da Eucaristia é uma força de união. Ela nos une ao corpo do Salvador e faz de nós seus membros para que nos tornemos aquilo que recebemos (Agostinho, 1966, p. 246).

Portanto, "A Igreja vive da Eucaristia. Esta verdade não exprime apenas uma experiência diária de fé, mas contém em síntese o próprio núcleo do mistério da Igreja" (EE, n. 1)

Síntese

Neste capítulo, apresentamos os principais pressupostos que fundamentam a teologia eucarística. Tendo como base as narrativas do Antigo Testamento, percebemos que a Eucaristia pode ser tomada em sua qualidade de imagem. No Novo Testamento, por sua vez, é compreendida como a "fonte e o centro de toda a vida cristã" (LG, n. 11), equivalendo a um evento. Na Tradição da Igreja, ela é concebida com uma dimensão tríplice: como comunhão, presença e sacrifício, demonstrando que a "Igreja vive da Eucaristia" (EE, n. 1), pois, na celebração dos mistérios, reside a renovação do sacrifício de Cristo. Por meio deste são estabelecidas a unidade eclesial e a renovação espiritual que possibilitam à Igreja viver a experiência de Corpo de Cristo.

Indicação cultural

Leia a carta encíclica *Ecclesia de Echaristia* (EE), do Papa João Paulo II, documento pontifício que reafirma os pontos fundamentais da doutrina da Igreja acerca da Eucaristia.

JOÃO PAULO II, Papa. **Ecclesia de Eucharistia**. Roma, 17 abr. 2003. Disponível em: <http://w2.vatican.va/content/john-paul-ii/pt/encyclicals/documents/hf_jp-ii_enc_20030417_eccl-de-euch.html>. Acesso em: 25 jul. 2024.

Atividades de autoavaliação

1. No Antigo Testamento, a prática sacrificial, própria da religião do povo hebreu, pode ser compreendida como um rito no qual se buscara a manifestação de Deus. Havia três formas de realizar sacrifícios. Quais eram elas?
   a) O dízimo, a oferta das primícias e os holocaustos.
   b) A oferta das primícias, os holocaustos e os sacrifícios de expiação.
   c) Os holocaustos, os sacrifícios de expiação e os sacrifícios de purificação.
   d) A oferta das primícias, os sacrifícios de expiação e os sacrifícios de purificação.
   e) As oferendas de alimentos, as oferendas de artesanato e a oferta de dinheiro.

2. Apesar de o evento eucarístico ser um fato do Novo Testamento, é possível reconhecer a presença de elementos que remetem à Eucaristia em diversas narrativas do Antigo Testamento, tendo em vista uma interpretação tipológica. No que diz respeito às principais narrativas veterotestamentárias que se referem à Eucaristia, assinale com V as afirmativas verdadeiras e com F as falsas.

( ) O sacrifício de Isaac.
( ) O sacrifício oferecido por Melquisedec.
( ) Elias no monte Horeb.
( ) O maná no deserto.

A sequência correta de preenchimento dos parênteses é:

a) V, V, V, V.
b) V, V, F, V.
c) F, F, V, V.
d) F, F, V, F.
e) V, F, F, V.

3. No Novo Testamento, a narrativa central sobre a Eucaristia é a ceia. Esta pode ser encontrada em quais livros?
   a) Evangelhos de Mateus, Marcos, Lucas e João.
   b) Evangelhos de Mateus, Marcos e Lucas.
   c) Evangelhos de Mateus e Marcos e escritos paulinos.
   d) Evangelhos de Mateus, Marcos e Lucas e escritos paulinos.
   e) Evangelhos de Marcos, Lucas e João e Livro dos Atos dos Apóstolos.

4. No Evangelho de João, a Eucaristia é apresentada sob diversas dimensões da existência. Quais são?
   a) Soteriológica, catequética, celebrativa e comunitária.
   b) Soteriológica, espiritual, celebrativa, comunitária.
   c) Espiritual, celebrativa, catequética e comunitária.
   d) Soteriológica, catequética e comunitária.
   e) Catequética, comunitaria, sacrificial e celebrativa.

5. Em nossa análise sobre os princípios fundamentais da teologia eucarística, foram apresentadas algumas citações de documentos eclesiais que definem o lócus próprio da teologia na Igreja. Quais são elas?

I. "A Eucaristia é a fonte e o centro de toda a vida cristã" (LG, n. 11).
II. "A Eucaristia é fonte de unidade eclesial" (MND, n. 21).
III. "A Igreja vive da Eucaristia" (EE, n. 1).

Estão corretas as opções:

a) I e II, apenas.
b) I e III, apenas.
c) II e III, apenas.
d) I, II e III.
e) II, apenas.

Atividades de aprendizagem

Questões para reflexão

1. Tomando como base o fragmento do Catecismo da Igreja Católica (CIC) que versa sobre o sacramento da Eucaristia, de que maneira o simbolismo do pão e do vinho são atualizados por Cristo na ceia?

> No centro da celebração da Eucaristia temos o pão e o vinho que, pelas palavras de Cristo e pela invocação do Espírito Santo, se tornam o corpo e o sangue do mesmo Cristo. Fiel à ordem do Senhor, a Igreja continua a fazer, em memória d'Ele e até à sua vinda gloriosa, o que Ele fez na véspera da sua paixão: "Tomou o pão...", "Tomou o cálice com vinho...". Tornando-se misteriosamente o corpo e o sangue de Cristo, os sinais do pão e do vinho continuam a significar também a bondade da criação. Por isso, no ofertório [apresentação das oferendas], nós damos graças ao Criador pelo pão e pelo vinho, fruto "do trabalho do homem", mas primeiramente "fruto da terra" e "da videira", dons do Criador. A Igreja vê no gesto de Melquisedec, rei e sacerdote, que "ofereceu pão e vinho" (Gn 14,18), uma prefiguração da sua própria oferenda. Na Antiga Aliança, o pão e o vinho são oferecidos em sacrifício entre as primícias da terra, em sinal de reconhecimento ao Criador. Mas também recebem uma

nova significação no contexto do Êxodo: os pães ázimos que Israel come todos os anos na Páscoa, comemoram a pressa da partida libertadora do Egito; a lembrança do maná do deserto recordará sempre a Israel que é do pão da Palavra de Deus que ele vive. Finalmente, o pão de cada dia é o fruto da terra prometida, penhor da fidelidade de Deus às suas promessas. O "cálice de bênção" (1 Cor 10,16), no fim da ceia pascal dos judeus, acrescenta à alegria festiva do vinho uma dimensão escatológica – a da expectativa messiânica do restabelecimento de Jerusalém. Jesus instituiu a sua Eucaristia dando um sentido novo e definitivo à bênção do pão e do cálice. (CIC, n. 1333, 1334)

2. Leia o fragmento da carta encíclica *Ecclesia de Eucharistia*, a seguir, e considere o que foi abordado neste capítulo. Explique o motivo pelo qual a Eucaristia é entendida como vínculo de unidade eclesial.

> O dom de Cristo e do seu Espírito, que recebemos na comunhão eucarística, realiza plena e sobreabundantemente os anseios de unidade fraterna que vivem no coração humano e ao mesmo tempo eleva esta experiência de fraternidade, que é a participação comum na mesma mesa eucarística, a níveis que estão muito acima da mera experiência dum banquete humano. Pela comunhão do corpo de Cristo, a Igreja consegue cada vez mais profundamente ser "em Cristo, como que o sacramento, ou sinal, e o instrumento da íntima união com Deus e da unidade de todo o gênero humano". (EE, n. 24)

Atividade aplicada: prática

1. Na liturgia eucarística, no momento da consagração, há a recitação do texto da ceia. Nas ocasiões em que você participar da celebração, procure prestar atenção no conteúdo desses textos e perceber se há diferenças e anote quais são essas variações.

2
Eucaristia na história e na devoção da Igreja

Neste capítulo, apresentaremos o processo histórico de culto e devoção à Eucaristia na história da Igreja. Segundo Padoin (1999), a Eucaristia passou por um desenvolvimento considerável no que tange às expressões celebrativas, à compreensão e à linguagem teológica e às formulações dogmáticas. Assim, para possibilitar uma melhor compreensão desse desenvolvimento, explicaremos como eram realizadas as práticas devocionais e as reflexões teológicas sobre a Eucaristia dividindo-as em diferentes tempos históricos.

Além disso, incluiremos em nossa análise os diferentes eventos eucarísticos que confirmaram a fé da comunidade eclesial e reforçaram a reflexão teológica.

2.1 Práticas devocionais e primeiras reflexões sobre a Eucaristia na Igreja na Antiguidade (séculos I a IV)

Até o século III, há três grandes referências sobre a práxis eucarística na Igreja nascente: a *Didaqué*, as reflexões litúrgicas de São Justino e as de Santo Hipólito (Ligier, 1988). Registra-se também uma reflexão teológica profunda na Patrística, em suas diferentes escolas, que culminam com o pensamento de Santo Agostinho.

2.1.1 Didaqué e Eucaristia

A *Didaqué* e foi escrita no fim do século I. De cunho catequético, é considerada uma obra de grande valor teológico, por condensar a tradição apostólica vivenciada em comunidades eclesiais da Igreja nascente. Descreve a prática do batismo, da penitência e da Eucaristia.

Entre os ensinamentos concernentes à Eucaristia, está presente a descrição de como ela era celebrada: em uma reunião, no dia do Senhor, o pão era partido. Isso acontecia após a confissão dos pecados, para que o sacrifício realizado fosse puro.

Também era esmiuçado como o rito para a celebração da fração do pão era estruturado. Há, ainda, referências a práticas da fé judaica, tendo em vista que o momento celebrativo era encerrado com uma oração semelhante àquela que os hebreus recitavam após a refeição, adaptada à fé cristã.

Por fim, a *Didaqué* orienta, de forma enfática, que somente os batizados podem tomar lugar à ceia do Senhor: "Que ninguém coma ou beba da Eucaristia sem antes ter sido batizado em nome do Senhor, pois sobre isso o Senhor disse: 'Não deem as coisas santas aos cães'" (Didaqué, 2002, p. 335).

2.1.2 Reflexões de São Justino sobre a Eucaristia

Nos escritos de São Justino (século II), consta um testemunho celebrativo de inestimável valor. Ele apresenta a Eucaristia como uma liturgia vivida por meio do memorial do sacrifício de Cristo, abandonando os sacrifícios cruentos do Antigo Testamento para chegar ao de perfeito louvor e ação de graças. Assim, a Eucaristia é considerada evento que se situa no centro da história da salvação.

Em uma de suas obras, *Apologia I*, ele evidencia como deve ser realizado o processo celebrativo, esclarecendo o papel do presidente, o dos diáconos e o da assembleia. É apresentada uma estrutura que prevê orações em comum, saudação da paz e realização da oração eucarística, que é concluída com o amém. Todo esse ato litúrgico refere-se ao memorial da Paixão de Cristo.

> Rezamos em comum, por nós, por todos [...] para obter o conhecimento da verdade, da graça [...] guardar os mandamentos [...] Quando as orações terminam, damo-nos o ósculo da paz. Em seguida, são levados ao que preside a assembleia dos irmãos o pão e o cálice de vinho misturado com água. Ele os toma [nas mãos], louva e glorifica o Pai do universo pelo nome do Filho e do Espírito Santo, depois, faz uma longa eucaristia para agradecer por termos sido julgados dignos desses bens. Tendo terminado as orações e a eucaristia, todo o povo presente exclama: Amém! Amém é um termo hebraico que significa assim seja. Tendo aquele que preside feito a eucaristia e tendo o povo respondido, os ministros que chamamos diáconos dão a todos os presentes o pão e o vinho consagrados e levam-nos aos ausentes. (Justino, Apologia I, 65, citado por Clément, 2003, p. 99)

De acordo com Padoim (1999), do ponto de vista teológico e espiritual, Justino salienta que a Eucaristia se relaciona a uma tríplice mutação. Jesus, o Verbo de Deus, se torna carne para nossa salvação (primeira mutação). O pão e o vinho tornam-se carne e sangue do Senhor para que assim ele possa nos doar a vida nova (segunda mutação). Os cristãos se tornam semelhantes a Cristo quando se nutrem da Eucaristia (terceira mutação).

2.1.3 Reflexões de Santo Hipólito sobre a Eucaristia

A Santo Hipólito (séculos II e III) é atribuída a *Traditio Apostolica* (Tradição Apostólica[1]), que apresenta a celebração eucarística em dois momentos: (1) após a celebração do batismo e (2) na celebração na qual o bispo é consagrado. Nessa obra, encontramos a descrição de uma oração eucarística que, apesar de breve, contém um conteúdo cristológico muito rico. Como esclareceremos no Capítulo 4, essa oração é retomada pelo Concílio Vaticano II, adaptada e incluída no cânon II do Missal Romano.

A oração estruturada por Hipólito é precedida da apresentação das ofertas e da saudação da paz. Ela se inicia com um diálogo de abertura, que é seguido de um agradecimento ao Pai. Posteriormente, é realizado, de forma breve, o relato da instituição da Eucaristia, seguido de uma recordação da ressurreição de Cristo e da invocação do Espírito Santo sobre a Igreja. Encerra-se com a doxologia[2] e o amém.

> Todos ofereçam-lhe o ósculo da paz, saudando-o por tornar-se digno.
> Os diáconos, então, oferecer-lhe-ão o sacrifício e ele, após impor suas mãos [sobre o sacrifício] dará graças, juntamente com todo o presbitério, dizendo:
> "O Senhor esteja convosco". Todos responderão: "E com o teu espírito".
> [Dirá:] "Corações ao alto". [Responderão:] "Já os oferecemos ao Senhor".

---

[1] Escrito de Santo Hipólito que "não se trata de uma fórmula que traduz apenas a liturgia romana. A obra pretende transmitir a tradição da Igreja. Podemos dividi-la em três partes: (1) A constituição da comunidade em seus aspectos hierárquicos, com a sagração e eleição dos bispos e a ordenação de pessoas que desempenham uma função dentro da comunidade cristã. (2) A iniciação cristã: o catecumenato. (3) Uma série de observâncias na comunidade desde a descrição da celebração eucarística" (Gibin, 2004, p. 19).

[2] Forma litúrgica que finaliza as orações composta por hinos ou passagens da Sagrada Escritura por meio das quais Deus é glorificado.

[Dirá:] "Demos graças ao Senhor". [Responderão:] "Pois é digno e justo".

Em seguida, prosseguirá: "Nós te damos graças, ó Deus, por teu Filho querido, Jesus Cristo, que nos enviaste nos últimos tempos, [Ele que é nosso] Salvador e Redentor, porta-voz da tua vontade, teu Verbo inseparável, por meio de quem fizeste todas as coisas e, por ser do teu agrado, enviaste do céu ao seio de uma Virgem; aí presente, cresceu e revelou-se teu Filho, nascido do Espírito Santo e da Virgem. Cumprindo a tua vontade, obtendo para ti um povo santo, ergueu as mãos enquanto sofria para salvar do sofrimento todos aqueles que em ti confiaram. Se entregou voluntariamente à Paixão para destruir a morte, quebrar as cadeias do demônio, esmagar o poder do mal, iluminar os justos, estabelecer a Lei e trazer à luz a ressurreição.

[Ele] tomou o pão e deu graças a ti, dizendo: 'Tomai e comei: isto é o meu Corpo que será destruído por vossa causa'. [Depois,] tomou igualmente o cálice e disse: 'isto é o meu sangue, que será derramado por vossa causa. Quando fizerdes isto, fá-lo-eis em minha memória'.

Por isso, lembramos de sua morte e ressurreição e oferecemos-te o pão e o cálice, dando-te graças por nos considerardes dignos de estarmos na tua presença e de te servir. E pedimos: envie o teu Espírito Santo ao sacrifício da Santa Igreja, reunindo todos os fiéis que receberem a eucaristia num só rebanho, na plenitude do Espírito Santo, para fortalecer nossa fé na verdade.

Concede que te louvemos e glorifiquemos, por teu Filho, Jesus Cristo, pelo qual te damos glória, poder e honra, ao Pai, ao Filho e com o Espírito Santo na tua Santa Igreja, agora e pelos séculos dos séculos. Amém." (Hipólito, 2004, p. 24)

Além de elementos litúrgicos, encontramos na obra de Santo Hipólito várias reflexões teológicas sobre a Eucaristia, das quais destacamos a compreensão de que a Eucaristia é um **sacrifício puro**, vínculo de fraternidade e união eclesial, na qual torna-se atual a comunhão de Cristo com os cristãos.

2.1.4 Reflexões dos padres apostólicos e apologistas[3] sobre a Eucaristia

Entre os padres apostólicos e apologistas, encontramos elementos de uma teologia eucarística, mesmo que ainda incipiente, nas obras de Inácio de Antioquia e Irineu de Lyon.

Inácio de Antioquia (século I), por sua vinculação direta com os apóstolos, é reconhecido como uma testemunha de especial autoridade. Em suas cartas, a Eucaristia é compreendida como fonte de salvação e considerada o centro da vida da Igreja. Ele a analisa sob dois aspectos: um cristológico e outro eclesial.

Para esse padre apostólico, a Eucaristia realiza uma real união entre a pessoa humana e o Corpo e o Sangue de Cristo, de tal modo que se tornam um. Inscrevendo essa união no contexto do sacrifício da cruz, ele afirma que a Eucaristia é o **fundamento da cristologia**, pois contém o dom da encarnação e da redenção de Jesus. A análise do aspecto eclesial deriva do cristológico. Inácio salienta que a Eucaristia é um **sacramento da unidade**: em torno de Cristo eucarístico, a Igreja se torna um só corpo indivisível, no qual todos os fiéis encontram alimento para sua fé.

O pensamento de Irineu de Lyon (século II), padre apologista, circunscreve-se na controvérsia com o gnosticismo[4] e no combate a uma visão de mundo alicerçada em um dualismo radical, na qual as realidades divinas se opunham às realidades do mundo. Ele vê no mistério eucarístico o **desígnio de unidade que combate todo e qualquer dualismo**, pois, sendo formada de elementos mundanos e divinos, é por

---

3 Conjunto de autores sacros que estiveram em contato direto com os apóstolos, ou que desenvolveram reflexões teológicas com o objetivo de defender a fé e a doutrina cristã (Lacoste, 2004, p. 174).

4 O gnosticismo, disseminado no século II, é uma doutrina composta de um conjunto de filosofias e aspectos religiosos pagãos. Apesar de não ter relação alguma com a doutrina cristã, foi considerada por alguns uma imitação. Assim, Irineu de Lyon estabeleceu uma contraposição a essa doutrina, com o objetivo de salvaguardar a fé.

meio dela que Cristo opera a convergência entre a Criação e o sacrifício da Nova Aliança. Ela também é o ponto de partida para a ressurreição futura; afinal, por meio dela, o ser humano participa da salvação que lhe foi doada por Jesus.

> Nosso pensamento concorda com a Eucaristia, e a Eucaristia, em troca, confirma nosso pensamento. Oferecemos a Deus o que é dele, proclamando a comunhão e a união da carne e do Espírito; porque, assim como o pão que vem da terra, depois de ter recebido a invocação de Deus, não é mais o pão comum, mas Eucaristia constituída de duas coisas, uma terrestre, a outra celeste, também nossos corpos que participam da Eucaristia não são mais corruptíveis, visto que têm a esperança da ressurreição. (Irineu de Lyon, Contra as Heresias, IV, 18,5, citado por Clément, 2003, p. 101)

2.1.5 Reflexões da patrística grega sobre a Eucaristia

O que convencionalmente chamamos de *patrística grega* é uma forma de pensamento desenvolvido por algumas escolas, principalmente as de Alexandria e de Antioquia, que buscavam uma adaptação do pensamento platônico a temas religiosos. Um desses temas é a questão do *Logos*, que está diretamente relacionada com as reflexões sobre a Eucaristia.

Preste atenção!

Na filosofia platônica, o *Logos* é apresentado como um demiurgo preexistente a todas as coisas que exerce a função de intermediador e cuja natureza é universalmente racional. É dele a responsabilidade de fazer a comunicação entre o mundo sensível, no qual os seres humanos vivem, e o divino, que nesse contexto é compreendido como algo totalmente transcendente e impassível.

Tal visão, adaptada já pelo pensamento judaico em suas interpretações sobre a Lei e os profetas, influenciou a reflexão teológica dos pensadores cristãos dos primeiros séculos (Cullmann, 2008), em especial o pensador Fílon de Alexandria, que concebia o *Logos* como a "manifestação que Deus faz de si mesmo neste mundo". Segundo Fílon, "ao revelar a si mesmo, Deus poderia ser chamado de *Logos*", e "o *Logos*, na qualidade de agente revelador de Deus, poderia ser chamado de Deus" (Champlin, 2008, p. 900).

Nesse contexto interpretativo, autores cristãos passaram a fundamentar a concepção de *Logos* com base na economia da salvação, identificando-a com a pessoa de Jesus.

Entre os teólogos que fazem parte da Escola de Alexandria[5] e que abordam a questão eucarística em suas reflexões, estão Clemente e Orígenes.

Clemente (século II) não desenvolve uma doutrina clara e sistemática sobre a Eucaristia, mas comenta passagens da Sagrada Escritura (Gn 14; Ex 6; Ml 1; Jo 6) que versam sobre o mistério eucarístico. Em suas análises, destaca que nos dons materiais há um valor simbólico que reporta a uma realidade espiritual. Assim, ao receber pão e vinho, o ser humano não se harmoniza com a matéria, mas com o *Logos*, que é o próprio Cristo eucarístico.

Orígenes (século III), por sua vez, parte da certeza de que a Eucaristia é o Corpo de Cristo e afirma a necessidade de este ser recebido de forma coerente, com respeito interior e exterior, bem como com espírito contrito.

---

5 Fundada no século III, desenvolvia suas reflexões com base no helenismo, destacando-se a interpretação da Sagrada Escritura por meio do método alegórico.

A Escola de Antioquia[6] desenvolve suas reflexões sobre a Eucaristia com base na compreensão da permanência imutável das duas naturezas de Cristo (humana e divina), salientando a presença de ambas no processo de transformação do pão e do vinho em Corpo e Sangue. Essa transformação é concebida como **presença sacramental** que comunica por si mesma o mistério de Cristo que se encerra em sua **obra salvífica na cruz**.

Aprofundando...

O sacerdote diz: "Isto é o meu corpo", e estas palavras mudam a natureza das ofertas... Esta palavra do Salvador, uma vez pronunciada, bastou e bastará para operar sobre a mesa de todas as Igrejas, desde a última Páscoa de Jesus Cristo até os nossos dias e até sua chegada, a realização do mais perfeito sacrifício. O pão se torna pão do céu porque o Espírito vem repousar sobre ele. O que está distante de nós não é obra do poder humano. Quem fez isto na última ceia ainda o faz agora. Nós temos a função de servidores, mas é ele que santifica e transforma. Não há [...] senão um Cristo, inteiro aqui e inteiro lá, um só corpo. [...] Não oferecemos outra vítima, como o sumo sacerdote daquele tempo [Antigo Testamento]; é sempre a mesma, ou antes, nós fazemos memória do sacrifício. (João Crisóstomo, Homilia I, 6, citado por Clément, 2003, p. 104)

---

6 Fundada no século IV, sustentava seu pensamento em um estudo histórico e gramatical da Sagrada Escritura.

2.1.6 Reflexões da patrística latina sobre a Eucaristia

Na patrística latina (séculos III e IV), há diversos teólogos que versam sobre a Eucaristia. A maioria das análises está relacionada à apresentação do mistério eucarístico para o povo, por meio de cartas, sermões ou homilias. Todavia, há diversas menções a essa temática em obras que trabalham outros temas da doutrina cristã. Em especial três personalidades do período explicam a abordagem do tema em foco: Cipriano (século III), Ambrósio e Agostinho (século IV).

Cipriano trata de problemas da comunidade eclesial na qual era bispo. Uma dessas questões concerne à Eucaristia, mais propriamente à substituição do vinho pela água na celebração. Para orientar a comunidade, ele escreveu uma carta, na qual diversos aspectos sobre a doutrina eucarística são destacados. Entre eles está o fato de que a Eucaristia é o **memorial do sacrifício de Cristo**, portanto os **símbolos** pertinentes a ela devem ser mantidos conforme a **tradição**. Segundo o bispo, a Eucaristia, Cristo pão, é fonte de vida para o fiel que dela participa. Por fim, ele ressalta que a Igreja, considerada Corpo de Cristo, tem na Eucaristia seu vínculo de unidade, como explicamos anteriormente.

Aprofundando...

Como Cristo nos conduzia a todos, vemos que a água figura o povo e o vinho o sangue de Cristo. Quando, no cálice, a água é misturada ao vinho, é o povo que se mistura a Cristo, é a multidão dos crentes que se une àquele em quem ela crê. Esta mistura, esta união do vinho e da água no cálice do Senhor é indissolúvel. Também a Igreja, isto é, o povo que está na Igreja e que fielmente, firmemente, persevera na fé, não poderá jamais ser separado de Cristo, mas ficará unido a ele por um amor que dos dois não fará senão um. Quando se consagra o cálice do

> Senhor, não se pode oferecer somente água ou somente vinho. Se for oferecido somente vinho, o sangue de Cristo estará presente sem nós; se houver apenas água, eis o povo sem Cristo. Pelo contrário, quando um se mistura ao outro e, confundindo-se, formam um, o mistério se realiza. O cálice do Senhor não é mais apenas água nem apenas vinho, sem mistura dos dois, assim como o corpo do Senhor não pode ser só a farinha ou só a água, sem a mistura de ambas e sua união para formar o pão. Aí se encontra igualmente figurada a unidade do povo cristão: como os grãos numerosos reunidos, moídos e misturados formam juntos um único pão, assim em Cristo, que é o pão do céu, saibamos bem que não há senão um só corpo, no qual nossa pluralidade está unida e fundida. (Cipriano de Cartago, Carta 63,13, citado por Clément, 2003, p. 108)

Ambrósio também desenvolve suas reflexões sobre a Eucaristia no contexto de sua atividade pastoral como bispo. Uma primeira questão trabalhada por esse teólogo e que tem forte influência dos padres gregos é a transformação do pão e do vinho, a partir da bênção, em Corpo e Sangue de Cristo. Para o bispo de Milão, não há aí apenas um dado de fé, mas uma mudança real da natureza. Nisso se baseia a compreensão de que a pessoa que recebe a Eucaristia também participa dessa transformação, o que lhe possibilita um processo de conversão pessoal.

Aprofundando...

> Ele é o pão da vida. Aquele que come a vida não pode morrer [...] Ide a Ele, saciai-vos porque é o pão da vida. Ide a Ele e bebei porque é a fonte. Ide a Ele e sereis iluminados porque é a luz. Ide a Ele e ficai livres, porque onde está o Espírito do Senhor, aí está a liberdade. [...] "Eu sou o pão da vida. Aquele que vem a mim não mais terá fome. Aquele que crê em mim nunca mais terá sede. (Ambrósio de Milão, Comentário sobre o Salmo 118, citado por Clément, 2003, p. 100)

Por fim, Agostinho é responsável uma riquíssima, embora não sistemática, análise sobre a Eucaristia. Segundo Aldazábal (2012), essa análise segue dois pontos principais: (1) a estreita conexão entre a Igreja e o Cristo eucarístico e (2) a Eucaristia como compreensão sacrificial do sacramento.

Para Agostinho, é na ceia eucarística que repousa a compreensão de unidade eclesial, pois, sendo Corpo de Cristo, a Igreja encontra nesse evento sua essência mistérica. "Se quereis entender o que é o corpo de Cristo, escutai o Apóstolo: Vós sois o corpo de Cristo e seus membros (1 Cor 12,27). Se, pois, vós sois o corpo e os membros de Cristo, o que está sobre a santa mesa é um símbolo de vós mesmos, e o que recebeis é vosso próprio mistério" (Agostinho, citado por Aldazábal, 2012, p. 164).

Nesse contexto, a Eucaristia é sacrifício. Ao oferecer a Deus pão e vinho, por meio de um gesto exterior, a Igreja, na condição de Corpo de Cristo, oferece-se a si mesma, por meio de um gesto interior de sacrifício e doação (Agostinho, 2011, 10, 6).

2.2 Eucaristia na vida das comunidades cristãs nos séculos IV ao XV

Com o fim das perseguições aos cristãos e o estabelecimento do cristianismo como religião oficial do Império Romano no século IV, a Igreja apresentou um grande desenvolvimento, relacionado não só ao crescimento das comunidades cristãs, mas também à influência cultural que a religião teve sobre as diferentes regiões para as quais se difundiu (Tarnas, 2000).

Segundo Caseau (2007, p. 329), neste contexto, "a celebração e a participação na Eucaristia eram entendidas como elementos constitutivos da comunidade cristã". Profundamente enraizada na vida das comunidades, a Eucaristia passou a ser expressão concreta da vida e da fé das pessoas. "O pão e o vinho oferecidos eram fruto do trabalho dos fiéis [...] assim o vínculo entre partilha e a Eucaristia era afirmado muito concretamente" (Caseau, 2007, p. 330).

Nesse período, foram estabelecidas a estrutura canônica, as fórmulas de oração e os ciclos litúrgicos. Segundo Padoin (1999), foi também nessa época que se tornou corrente o uso do termo *missa* para designar a celebração litúrgica.

> Missa é uma palavra que vem do verbo *mittere*, enviar, e significava, na origem a partida ou despedida dos catecúmenos que deviam se retirar antes da liturgia eucarística, e a partida dos fiéis ao término da celebração. Este termo, embora lhe falte ressonância bíblica e significados mistéricos, passou a ser utilizado como indicador de todo o conjunto do mistério celebrado, nos seus vários aspectos e momentos (leituras, homilia, ofertório e anáfora), sem limitar-se a um deles e sem definir conteúdos. Nos séculos V e VI, por causa de uma população que em boa parte era de origem bárbara e para a qual a raízes grego-judaicas não tinham qualquer significado, a palavra missa passou a significar a unidade da ação eucarística, resumindo todas as partes componentes e somando todas as diversidades num só fator. (Padoin, 1999, p. 122)

Todavia, é importante salientar que, com a expansão do cristianismo, passaram a existir diferenciações litúrgicas, as quais não se referem a ritos de primeira importância, mas a aspectos como o momento no qual se deve rezar o Pai-nosso ou recitar o *Sanctus*, o número e a escolha das leituras.

Entre os principais motivos dessa diversidade, podemos citar: uma comunicação pouco assídua entre as Igrejas locais (dioceses) e uma menor influência de Roma sobre as dioceses mais distantes. Entretanto, há uma estrutura comum nessa diversidade de liturgias, que foi organizada em dois tempos ou duas partes:

1. **A missa dos catecúmenos**[7]: Todo o povo participava, independentemente de sua pertença à comunidade pelo vínculo sacramental, próprio dos sacramentos de iniciação cristã (portanto incluía os catecúmenos). Nessa parte, realizava-se a celebração da Palavra (oração, leitura e homilia).
2. **A parte sacrificial**: Os catecúmenos eram convidados a se retirar para a celebração da parte sacrificial, que tem como cerne a oração eucarística e a ceia do Senhor, na qual eles não participavam.

Nessa estrutura comum, há uma unidade de significados teológicos. Entre eles, destacamos a relação imediata da Eucaristia com Cristo Senhor e Salvador, como já apontamos na seção anterior por meio do testemunho dos padres gregos. Da mesma forma, da celebração eucarística emerge um vínculo profundo que une a Igreja, segundo testemunho de vários pensadores da patrística, que usam o simbolismo do corpo de Cristo ou do pão formado de várias sementes.

Outros aspectos de ordem celebrativa devem ser igualmente destacados. Houve uma migração da Igreja doméstica para a Igreja comunitária, à medida que as comunidades cristãs passaram a se organizar em torno das basílicas e templos cristãos. A periodicidade com a qual as celebrações eram realizadas variava conforme o costume das diferentes dioceses e segundo o tempo histórico. Nos séculos IV e V no Norte da África já havia missas cotidianas, entretanto tal costume se tornou uma prática em Roma somente no século VIII (Caseau, 2007, p. 334).

A normatização ritual da missa em todas as suas partes teve início no século VII, durante o papado de Gregório I, estendendo-se até o

---

[7] Aqueles que se preparavam para receber o batismo.

século IX, no período carolíngio⁸. Essa reforma litúrgica inseriu uma série de elementos gestuais, como inclinações, movimentos de braços e procissões. Ampliou, também, a inclusão de orações silenciosas feitas pelo celebrante em diversos momentos da celebração, como o ofertório e a comunhão. Nos textos litúrgicos, foram introduzidas orações que deveriam ser proferidas pelo sacerdote em momentos como a vestidura das vestes litúrgicas, a aproximação do altar, a infusão da água no vinho e a purificação das mãos. Do ponto de vista teológico, as reflexões cristológicas orientaram modificações em orações antes dirigidas ao Pai, direcionando-as ao Filho.

Importante!

Nesse período histórico aconteceu um dos principais milagres eucarísticos reconhecidos pela Igreja: o milagre de Lanciano. Foi no século VIII, na Itália, que, após a consagração das espécies de pão e vinho, eles se transformaram em carne e sangue.

Na década de 1970, um exame realizado nas relíquias que comprovam tal milagre evidenciou alguns resultados significativos: a hóstia, que fora transformada em carne, é de origem humana, constituída de fibras musculares estriadas (tecido próprio da estrutura cardíaca), essas fibras não apresentavam lesões, indicando que não haviam sido cortadas por uma lâmina (Ghieco, 1983, p. 5).

No que tange à estrutura, também houve uma série de modificações. O altar e a cátedra passaram a ser dispostos em função do sacerdote e uma divisória, geralmente feita de balaústre, passou a separar o espaço reservado ao presbitério do espaço reservado ao povo.

---

8 Tal normatização foi difundida principalmente pela obra de evangelização dos monges beneditinos, que, por meio de seus monastérios e abadias, auxiliaram no ordenamento eclesiástico e litúrgico de matriz romana.

Com tais mudanças no culto eucarístico, a Eucaristia já não era apresentada como uma ação da qual todos participaram partindo o pão, mas como mistério que precisava ser adorado.

2.3 Eucaristia na vida das comunidades cristãs ortodoxas

No século XI, uma série de divergências teológicas provocaram o cisma entre a Igreja de Roma e a de Constantinopla, consolidando uma tradição própria acerca do culto eucarístico na Igreja oriental. Segundo Congourdeau (2007), duas liturgias influenciaram a Igreja (as dioceses) oriental: a de São João Crisóstomo e a de São Basílio. Esta, de estrutura mais longa, era reservada às grandes festas e solenidades, como o Natal e a Páscoa. A primeira, utilizada para a realização de celebrações dominicais e ordinárias, divide-se em três etapas principais: (1) a preparação das oferendas, (2) a liturgia dos catecúmenos ou liturgia da Palavra e (3) a liturgia dos fiéis ou eucarística. Permeadas por um profundo simbolismo, essas partes fazem memória de toda a vida de Cristo.

A primeira parte, a preparação das oferendas, é feita de forma quase oculta, dentro do santuário, sem a participação dos fiéis e simboliza os 30 anos de vida em que Jesus esteve se preparando para o seu ministério público.

A segunda parte, voltada para a oração e a meditação da Palavra, envolve orações dialogadas, recitações de salmos e antífonas, procissões com o livro do Evangelho, proclamação do Evangelho, homilia, oração pelos catecúmenos e sua despedida. Nessa parte, se faz memória da vida pública de Jesus até sua Paixão.

A terceira parte, a Eucarística, inclui um conjunto riquíssimo de simbolismos que retratam a Paixão, a Morte e a Ressurreição de Jesus (Congourdeau, 2007).

Alguns elementos, descritos a seguir, são fundamentais para se compreender o simbolismo próprio da celebração litúrgica da Igreja oriental.

- *Prósfora*: É o pão, composto de farinha de trigo pura com fermento, oferecido para o sacrifício. Na Antiguidade, eram os fiéis que o ofereciam para o sacrifício. De forma arredondada, esse pão tem no centro a marca de uma cruz com as letras IC IX NIKA, que significam: Jesus Cristo triunfa.
- **Incenso**: Simboliza a oração pela qual a alma se eleva a Deus. O incenso cria uma atmosfera que recorda o sacerdote e os fiéis da necessidade de se prepararem para o sacrifício, para que este seja de suave odor.
- **Epiclese**: É uma invocação a Deus Pai para que envie o Espírito Santo para transformar os dons que santificarão os fiéis que os receberão (CIC, n. 1353).

Apesar de serem perceptíveis essas etapas no culto eucarístico das comunidades ortodoxas, é salutar ressaltar que, para elas, não é possível compreendê-las de forma segmentada. A celebração eucarística é um acontecimento como um todo. Conforme Parenti (2007), cada momento da celebração tem um significado próprio que culmina em seu ápice ou deriva dele, que é o momento da epiclese, da transformação do pão e do vinho em Corpo e Sangue de Cristo.

Outro aspecto importante é a relação entre a Eucaristia e a confissão, que remete aos ensinamentos da Igreja Primitiva sobre a **necessidade da pureza de coração** para a admissibilidade ao sacramento eucarístico. Atualmente, segundo Parenti (2007, p. 220), diversas formas de assegurar ou proporcionar essa pureza ao fiel são utilizadas pelas diversas igrejas ortodoxas, entre elas, a prática da confissão individual antes da participação da Eucaristia ou a absolvição coletiva, dada no momento anterior à comunhão.

2.4 Eucaristia na vida das comunidades cristãs da Igreja de Roma até o século XVI

Após o primeiro milênio, o culto eucarístico se caracterizou pelo desenvolvimento de devoções particulares e pelo esforço de uma fundamentação teológica calcada nas reflexões da escolástica, buscando uma compreensão mais racional do rito litúrgico, centrada nos elementos essenciais. Três elementos podem ser considerados novidade nesse período: (1) a unificação do missal, (2) a *missa lecta* e (3) a adoração à Eucaristia.

2.4.1 Unificação do missal

Por volta do ano 1000, vários elementos particulares foram incorporados à celebração da missa, formando uma enorme diversidade entre as regiões e dioceses. Segundo Padoin (1999, p. 132), apesar de haver unidade interna quanto à forma de culto litúrgico, as comunidades religiosas apresentavam diferenças consideráveis entre si. Então teve início um movimento que objetivava normatizar os livros da celebração litúrgica, esforço que resultou no missal.

Composto sob o pontificado de Inocêncio III, considerando os múltiplos costumes existentes, sem eliminar as diferenças entre dioceses, o missal buscou concentrar a ação celebrativa em torno do celebrante e eliminar a propagação de orações particulares.

Quanto à disseminação do uso desse missal, notabiliza-se a ação dos frades franciscanos, presentes em todo o continente Europeu. Foram eles os primeiros a aderir à unificação de culto adotando o *missale secundum usum Romanae Curiae* (missal de acordo com o uso da Cúria Romana).

2.4.2 Missa lecta

A *missa lecta*, ou literalmente *missa lida*, era aquela em que o celebrante apenas procedia à leitura das partes da missa. Não havia canto de antífonas ou uso de incensos. As pessoas participavam mais como espectadoras e se orientavam por meio das alegorias e pelo simbolismo cerimonial, muito rico em seu aspecto gestual: sinais da cruz, alargamento de braços, deslocamentos no presbitério, entre outros. As missas privadas, pautadas em uma crença sobre a propiciação para os vivos e para os defuntos, também se multiplicaram no período.

2.4.3 Adoração à Eucaristia

No início do milênio, após diversas controvérsias acerca da transubstanciação[9], o culto eucarístico desenvolveu-se em torno da **presença real de Jesus na Eucaristia**. Segundo Padoin (1999, p. 134), o centro da celebração eucarística passou a ser a **consagração**. A devoção à hóstia

---

9 Em especial, a controvérsia de Berengário (Padoin, 1999), que negava toda e qualquer possibilidade de transformação do pão e do vinho em Corpo e Sangue de Cristo. Para o teólogo, havia apenas uma relação de simbolismo. Tal posição foi condenada em 1059 por uma profissão de fé que salientou a realidade da transubstanciação (Borobio, 2002).

consagrada passou a ter grande expressividade e, em muitas situações, a própria celebração litúrgica era celebrada diante do Santíssimo exposto.

No período, surgiram as grandes manifestações populares de devoção eucarística. Uma delas é a festa de *Corpus Christi*, que surgiu no século XIII na Bélgica, aprovada pelo Papa Urbano IV na bula *Transiturus de hoc mundo* (Urbano IV, 1264) e universalizada como dever canônico mundial pelo Papa Clemente V no século XIV.

2.5 Eucaristia no contexto da Reforma Tridentina

Como expusemos até aqui, no fim da Idade Média, o contexto do rito eucarístico era de grande vivacidade. É certo que alguns exageros eram cometidos. Como afirma Padoin (1999), certa comercialização e superstição diante do sagrado tinham influenciado a crença eucarística. Nesse contexto surgiu, no século XVI, a Reforma Protestante. Entre suas várias declarações contrátias à doutrina da Igreja, encontram-se afirmações sobre a Eucaristia e o culto eucarístico que foram tema de reflexão e posicionamento do Concílio de Trento (1545-1563). As questões relativas ao tema foram averiguadas em três sessões:

1. Sessão XIII: Decreto sobre a Santíssima Eucaristia, em outubro de 1551.
2. Sessão XXI: Doutrina sobre a comunhão em duas espécies e sobre a comunhão dada às crianças, em julho de 1562.
3. Sessão XXII: Doutrina sobre o sacrifício da missa, em setembro de 1562.

Entre os assuntos tratados, estavam o posicionamento diante da visão protestante e as questões relativas ao culto.

No que tange às controvérsias com o protestantismo, o Concílio reafirmou que a Eucaristia é verdadeiramente o Corpo e o Sangue de Cristo, pertencendo à mesma substância e devendo ser, portanto, venerado de todas as formas. Ainda, salientou que Cristo está presente, inteiro, sob as duas e cada uma das espécies, pão e vinho. Reforçou o sacerdócio eterno de Cristo, que não se extinguiu com sua morte, e confirmou que seus sucessores devem realizar sacrifícios em sua memória até o fim dos séculos. Tais sacrifícios têm uma eficácia salvífica tanto para os vivos quanto para os mortos, pois o corpo e sangue de Cristo, que são oferecidos sob as espécies de vinho e pão, o são para a expiação dos pecados.

Aprofundando...

Sessão XIII

Cânon. I – Se alguém negar que no Santíssimo Sacramento da Eucaristia está contido verdadeira, real e substancialmente o corpo e o sangue juntamente com a alma e divindade de nosso Senhor Jesus Cristo e por consequência o Cristo inteiro; mas pelo contrário, disser que apenas existe na Eucaristia um sinal, ou figura virtual, seja excomungado.

Cânon. II – Se alguém disser que no sacrossanto sacramento da Eucaristia permanece substância de pão e vinho juntamente com o Corpo e Sangue de nosso Senhor Jesus Cristo, e negar aquela admirável e singular conversão de toda a substância do pão em Corpo e de toda substância do vinho em Sangue, permanecendo somente as espécies de pão e vinho, conversão que a Igreja Católica propiciamente chama de Transubstanciação, seja excomungado.

Cânon. III – Se alguém negar que o venerável sacramento da Eucaristia contém o Cristo Total em cada uma das espécies, e em cada uma das partículas em que forem divididas as espécies, seja excomungado.

Sessão XXI

Cânon. III – Se alguém negar que Cristo, Fonte e Autor de todas as graças, é recebido todo e inteiro sob a única espécie do pão, dando por razão, como falsamente o afirmam alguns, que não se recebe segundo o estabeleceu o mesmo Jesus Cristo, nas duas espécies, seja excomungado.

Sessão XXII

Capítulo. I – Da instituição do sacrossanto sacrifício da Missa

...O Mesmo Deus e Senhor nosso, ainda que havia de Se oferecer a Si mesmo a Deus Pai, por meio da morte no alto da cruz, para trabalhar a partir dela, a redenção eterna, contudo, como seu sacerdócio não haveria de acabar com sua morte, para deixar na última ceia, na mesma noite em que entregou à sua amada esposa, a Igreja, um sacrifício visível, segundo requer a condição dos homens, que se representasse o sacrifício cruel que havia de fazer na cruz, e permanecesse sua memória até o fim do mundo, e se aplicasse Sua salutar virtude da remissão dos pecados que diariamente cometemos, ao mesmo tempo que se declarou sacerdote segundo a ordem de Melquisedeque, constituído para toda a eternidade, ofereceu a Deus Pai, Seu corpo e seu sangue, sob as espécies do pão e do vinho, e o deu a seus Apóstolos, a quem então constituía sacerdotes do Novo Testamento, para que o recebessem sob os sinais daquelas mesmas coisas, ordenando-lhes, e igualmente a seus sucessores no sacerdócio, que O oferecessem pelas palavras: "Fazei isto em memória de Mim", como sempre o entendeu e ensinou a Igreja católica. [...] Quando derramado Seu sangue, nos redimiu, nos tirou do poder das trevas e nos transferiu a Seu reino. E esta é por certo aquela oblação pura, que não pode ser manchada por mais indignos e maus que sejam aqueles

> que a fazem, a mesma que predisse Deus por Malaquias, que deveria ser oferecida limpa, em todo lugar, em Seu nome, que deveria ser grande entre todas as gentes...
>
> Capítulo. II – O sacrifício da Missa é propicio não só para os vivos, mas também para os defuntos
>
> ...ensina o Santo Concílio, que este sacrifício é, com toda verdade propício, e que se consegue por ele que nos aproximamos do Senhor, arrependidos e penitentes e, se o fizermos com coração sincero, fé correta e com temor e reverência, conseguiremos misericórdia e encontraremos sua graça por meio de seus oportunos auxílios. (Concílio de Trento, citado por Padoin, 1999, p. 168-171)

Com relação ao culto eucarístico, as reflexões dos conciliares apontam para o que deve ser observado na celebração da missa. Entre os pontos ressaltados e elencados por Padoin (1999, p. 136), destacamos:

- a diligência do sacerdote na celebração dos santos mistérios;
- a condenação de todo tipo de superstição ou ações relacionadas a cobrança de esmolas;
- o repúdio a conteúdos irreverentes e à recitação de músicas profanas;
- a não permissão da comunhão de crianças;
- a obrigação de o culto eucarístico ser celebrado em locais sagrados, como Igrejas e oratórios dedicados a culto divino;
- a proibição de que sua presidência seja realizada por qualquer pessoa que não um sacerdote devidamente ordenado.

Com base nessas orientações, foi realizada uma reforma do missal, publicada em 1570. A reforma dos textos foi foi resultado de uma análise dos documentos mais antigos; vários comentadores como Padoin (1999) e Giraudo (2003) apontam que a revisão foi um trabalho crítico, mas não necessariamente radical.

O missal foi promulgado e os ritos nele descritos deveriam ser observados em razão da necessidade de estabelecer uma unidade celebrativa e impedir a existência de qualquer tipo de abuso ou erro no culto eucarístico. Instituído em toda a Igreja latina – sendo assim permitida a continuidade dos ritos orientais – o missal sofreu reedições em 1604 e em 1634, mas permaneceu substancialmente intacto até a reforma litúrgica de 1970, após o Concílio Vaticano II.

2.6 Reflexão sobre a Eucaristia entre o Concílio de Trento e o Concílio Vaticano II

A reflexão acerca do mistério eucarístico permaneceu fiel à doutrina do Concílio de Trento até início do século XX, quando um movimento de renovação da teologia eucarística começou a se formar. Segundo Padoin (1999, p. 186), dois fatores foram primordiais para o despertar dessa renovação: "as pesquisas sempre mais metódicas em âmbito histórico e o início de uma renovação em âmbito litúrgico".

Esses fatores incidiram sobre as reflexões acerca da teologia dos sacramentos, a teologia da encarnação, a eclesiologia e a cristologia. Henri de Lubac, em especial, a partir de 1929, desenvolveu uma análise do pensamento dos Padres da Igreja a fim de recuperar uma leitura simbólica que reconstruísse uma relação fecunda entre a Igreja e a Eucaristia. Em suas conclusões enunciadas no livro *Méditation sur l'Eglise* (*Meditação sobre a Igreja*), de 1953, Lubac (1961, p. 206) afirma que se encontra "uma causalidade recíproca entre a Igreja e a Eucaristia, pois se é verdade que a Igreja celebra a Eucaristia, é igualmente verdade que é a Eucaristia que faz a Igreja".

Alguns pronunciamentos da Igreja também denotaram essa abertura para a renovação. Do pontificado de Pio X, dois decretos – *Sacra Tridentina Synodus* (1905) e *Quam singulari* (1910) – tratam de temas como a comunhão frequente e mesmo quotidiana de leigos e a participação de crianças na Eucaristia, suscitando uma nova sensibilidade pastoral no culto eucarístico.

Anos mais tarde, Pio XII, por meio de duas encíclicas – *Mystici Corporis Christi* (1943) e *Mediator Dei* (1947) – orientou a reflexão para o alcance salvífico da liturgia e tratou da relação de Cristo com a Igreja. Esse impulso de renovação do rito eucarístico, entretanto, só teve expressão vigorosa no Concílio Vaticano II, sobre o qual versaremos no próximo capítulo.

Síntese

O culto eucarístico, na história da Igreja, passou por um desenvolvimento considerável no que diz respeito às expressões celebrativas, à compreensão e à linguagem teológica e às formulações dogmáticas.

Nas comunidades eclesiais dos primeiros séculos, havia uma forte compreensão da vivência comunitária do culto, ratificada pela reflexão da patrística, que afirmava que a Eucaristia é vínculo de comunhão entre Deus e o humano, e vínculo de união eclesial. Na Idade Média, com a reforma litúrgica, houve uma grande normatização ritual da missa em todas as suas partes. Com o tempo, os costumes rituais culminaram em uma grande devoção à hóstia sagrada.

Com o Concílio de Trento, foi realizada uma reforma litúrgica que visava à fidelidade e à unidade do culto eucarístico. Essa reforma influenciou toda a reflexão teológica sobre a Eucaristia e seu culto até o início do século XX. No período, teve início um movimento de renovação litúrgica que teve seu ápice no Concílio Vaticano II.

Indicação cultural

Leia o artigo indicado a seguir, no qual se analisa como a Eucaristia era compreendida pela reflexão teológica da Igreja nos primeiros séculos.

SOUZA, R. A. de. Tomai, todos, e comei: considerações sobre a teologia da ceia eucarística nos primeiros séculos do cristianismo. In: JORNADA DE ESTUDOS ANTIGOS E MEDIEVAIS, 8.; JORNADA INTERNACIONAL DE ESTUDOS ANTIGOS E MEDIEVAIS, 1.; 2009. Disponível em: <https://pt.scribd.com/document/599986722/TOMAI-TODOS-E-COMEI-CONSIDERACOES-SOBRE-A-TEOLOGIA>. Acesso em: 26 jul. 2024.

Atividades de autoavaliação

1. Na Igreja nascente, há três grandes referências que tratam da práxis eucarística. Quais são elas?
   a) A *Didaqué*, as reflexões litúrgicas de São Justino e as de Santo Hipólito.
   b) A *Didaqué*, as reflexões litúrgicas de Santo Hipólito e as de São Gregório.
   c) As reflexões litúrgicas de São Justino, as de Santo Hipólito e as do Concílio de Trento.
   d) As reflexões da patrística grega e da latina.

2. No contexto da patrística latina, as reflexões de Santo Ambrósio foram de fundamental importância, principalmente no que tange à questão da transformação do pão e do vinho em Corpo e Sangue de Cristo. Sobre essas reflexões, assinale a alternativa correta:
   a) Para Santo Ambrósio, a transformação do pão e do vinho era apenas um dado de fé, ou seja, não havia uma mudança real dessas espécies em Corpo e Sangue de Cristo.

- b) Para Santo Ambrósio, a transformação do pão e do vinho realizava uma mudança na existência das espécies, mas não em sua natureza. Ou seja, elas passavam a ser transitoriamente o Corpo e o Sangue de Cristo.
- c) Para Santo Ambrósio, a transformação do pão e do vinho era real, ou seja, havia a mudança de natureza das espécies em Corpo e Sangue de Cristo.
- d) Para Santo Ambrósio, a transformação do pão e do vinho era apenas simbólica, e não real.
- e) Para Santo Ambrósia, pão e vinho não se transformam em Corpo e Sangue de Cristo.

3. No início do milênio, o culto eucarístico desenvolveu-se em torno da presença real de Jesus na Eucaristia. No período, surgiram as grandes manifestações populares de devoção eucarística. Uma delas é a festa de *Corpus Christi*. Qual é o nome do papa que fez dessa festa um dever mundial?
   - a) Gregório I.
   - b) Urbano IV.
   - c) Clemente V.
   - d) Inocêncio III.
   - e) Alexandre IV.

4. No Concílio de Trento, registrou-se um posicionamento veemente com relação tanto à doutrina sobre a Eucaristia quanto ao culto eucarístico. No que diz respeito a este último, várias normas foram estabelecidas com vistas a propiciar uma unidade celebrativa. Entre o que deve ser observado na celebração da missa, segundo o cânon tridentino, analise as afirmativas a seguir.
   - I. A diligência do sacerdote na celebração dos santos mistérios.
   - II. O repúdio a conteúdos irreverentes e à recitação de músicas profanas nas celebrações litúrgicas.

III. A obrigação de o culto eucarístico ser celebrado somente em locais sagrados.

IV. A permissão da comunhão eucarística pelas crianças.

Estão corretas as afirmativas:

a) I, II e IV.
b) I, III e IV.
c) II e III.
d) I, II e III.
e) II, III e IV.

5. Nos primeiros anos do século XX, teve início um movimento de renovação da teologia eucarística. Várias reflexões contribuíram para essa renovação. A respeito desses documentos, assinale V para as afirmativas verdadeiras e F para as falsas.

( ) Decreto *Sacra Tridentina Synodus*.
( ) Encíclica *Mystici Corporis Christi*.
( ) Decreto *Quam singulari*.
( ) Encíclica *Mediator Dei*.

A sequência correta de preenchimento dos parênteses é:

a) V, V, V, V.
b) V, V, F, V.
c) F, F, V, V.
d) F, F, V, F.

Atividades de aprendizagem

Questões para reflexão

1. Após a leitura do fragmento da *Didaqué* transcrito a seguir, identifique e liste os elementos da fé judaica presentes na descrição ritual.

   > Celebre a Eucaristia assim: Diga primeiro sobre o cálice: "Nós te agradecemos, Pai nosso, por causa da santa vinha do teu servo Davi, que nos revelaste através do teu servo Jesus. A ti, glória para sempre". Depois diga sobre o pão partido: "Nós te agradecemos, Pai nosso, por causa da vida e do conhecimento que nos revelaste através do teu servo Jesus. A ti, glória para sempre. Da mesma forma como este pão partido havia sido semeado sobre as colinas e depois foi recolhido para se tornar um, assim também seja reunida a tua Igreja desde os confins da terra no teu Reino, porque teu é o poder e a glória, por Jesus Cristo, para sempre". Que ninguém coma nem beba da Eucaristia sem antes ter sido batizado em nome do Senhor pois sobre isso o Senhor disse: Não deem as coisas santas aos cães. (Didaqué, 2002, p. 335)

2. Releia o boxe "Aprofundando ..." da Seção 2.5, que traz os cânones do Concílio de Trento, e cite as principais afirmações de cada uma das sessões do Concílio sobre a Eucaristia.

Atividade aplicada: prática

1. A reflexão teológica e a prática do culto eucarístico na história da Igreja apresentam diversos elementos ainda presentes no cotidiano da Igreja. Enumere alguns deles.

3
Eucaristia na reflexão teológica do Concílio Vaticano II

Neste capítulo, enfocaremos os fundamentos e os desdobramentos da reforma ao culto eucarístico empreendida pelo Concílio Vaticano II. Para tanto, em um primeiro momento, explicaremos como a Eucaristia é abordada nos diversos documentos conciliares. Então, apresentaremos os princípios basilares da reforma do culto presentes na constituição dogmática *Sacrosanctum Concilium*. Por fim, analisaremos instruções complementares à reforma do culto eucarístico.

3.1 Eucaristia como tema dos documentos do Concílio Vaticano II

O Concílio Vaticano II, apesar de não abordar diretamente, com a produção de um documento próprio, a Eucaristia, apresenta uma reflexão profunda em seus diversos documentos sobre o tema. Como afirma Aldazábal (2012), o documento que trata sobre a liturgia e que aborda de forma mais ampla a questão eucarística, a constituição conciliar *Sacrosanctum Concilium*, foi o primeiro a ser aprovado. Assim, os demais complementam a apresentação teológica que é feita acerca da Eucaristia, em uma perspectiva esclarecedora e enriquecedora. A *Lumen gentium* completou a fundamentação eclesiológica, a *Gaudium et spes* destacou o aspecto missionário, associando a relação da Eucaristia com o compromisso fraterno, e o *Presbyterorum Ordinis* abordou a Eucaristia na vida dos sacerdotes e da comunidade eclesial.

Portanto, a Eucaristia é abordada em toda a sua dimensão eclesial: como mistério de salvação, como vínculo de unidade e como fundamento da vida espiritual (Comby, 2007).

3.1.1 Eucaristia e o mistério da salvação

Em alguns documentos, o Concílio apresenta a Eucaristia inserida no mistério da salvação. Ela não é apenas sinal, mas memória e atualização da obra redentora de Cristo, que remete à esperança escatológica de sua segunda vinda.

> Sempre que no altar se celebra o sacrifício da cruz, na qual "Cristo, nossa Páscoa, foi imolado" (1 Cor 5,7), realiza-se também a obra da nossa redenção. Pelo sacramento do pão eucarístico, ao mesmo tempo é representada e se realiza a unidade dos fiéis, que constituem um só corpo em Cristo (1 Cor 10,17). Todos os homens são chamados a esta união com Cristo, luz do mundo, do qual vimos, por quem vivemos, e para o qual caminhamos. (LG, n. 3)

> Liberta, porém, a todos, para que, deixando o amor próprio e empregando em favor da vida humana todas as energias terrenas, se lancem para o futuro, em que a humanidade se tornará oblação agradável a Deus. O penhor desta esperança e o viático para este caminho deixou-os o Senhor aos seus naquele sacramento da fé, em que os elementos naturais, cultivados pelo homem, se convertem no Corpo e Sangue gloriosos, na ceia da comunhão fraterna e na prelibação do banquete celeste. (GS, n. 38)

A Eucaristia também é apresentada como "fonte e cume de toda a evangelização", uma vez que aqueles que ainda não receberam os sacramentos de iniciação cristã (os catecúmenos) são progressivamente admitidos à Eucaristia, e os fiéis batizados e confirmados na fé, por meio da participação no rito eucarístico, se inserem cada vez mais no mistério da salvação (PO, n. 5).

3.1.2 Eucaristia como vínculo de unidade

Como já explicamos nos capítulos anteriores, a Eucaristia é apresentada pela Igreja como vínculo de unidade, tendo em vista que, pela participação na ceia eucarística, os fiéis entram em comunhão com Cristo e com a comunidade. Assim, a edificação da comunidade eclesial acontece por meio de muitos membros, que formam um só corpo (1Cor 12).

Os documentos do Concílio, resgatando e atualizando essa compreensão, salientam a importância que tal mistério tem na constituição eclesial.

Aprofundando...

As passagens a seguir – dos documentos *Lumen gentium* e *Unitatis redintegratio* – evidenciam e esclarecem o destaque dado à dimensão eclesial da Eucaristia.

> E assim como todos os membros do corpo humano, apesar de serem muitos, formam no entanto um só corpo, assim também os fiéis em Cristo (cfr. 1 Cor. 12,12). Também na edificação do Corpo de Cristo existe diversidade de membros e de funções. É um mesmo Espírito que distribui os seus vários dons segundo a sua riqueza e as necessidades dos ministérios para utilidade da Igreja (cfr. 1 Cor. 12, 1-11). Entre estes dons, sobressai a graça dos Apóstolos, a cuja autoridade o mesmo Espírito submeteu também os carismáticos (cfr 1 Cor. 14). O mesmo Espírito, unificando o corpo por si e pela sua força e pela coesão interna dos membros, produz e promove a caridade entre os fiéis. Daí que, se algum membro padece, todos os membros sofrem juntamente; e se algum membro recebe honras, todos se alegram (cfr. 1 Cor. 12,26). A cabeça deste corpo é Cristo. Ele é a imagem do Deus invisível e n'Ele foram criadas todas as coisas. Ele existe antes de todas as coisas e todas n'Ele subsistem.

Ele é a cabeça do corpo que a Igreja é. É o princípio, o primogénito de entre os mortos, de modo que em todas as coisas tenha o primado (cfr. Col. 1, 15-18). Pela grandeza do Seu poder domina em todas as coisas celestes e terrestres e, devido à Sua supereminente perfeição e acção, enche todo o corpo das riquezas da Sua glória (cfr. Ef. 1, 18-23). Todos os membros se devem conformar com Ele, até que Cristo se forme neles (cfr. Gál. 4,19). Por isso, somos assumidos nos mistérios da Sua vida, configurados com Ele, com Ele mortos e ressuscitados, até que reinemos com Ele (cfr. Fil. 3,21; 2 Tim. 2,11; Ef. 2,6; Col. 2,12; etc.). Ainda peregrinos na terra, seguindo as Suas pegadas na tribulação e na perseguição, associamo-nos nos seus sofrimentos como o corpo à cabeça, sofrendo com Ele, para com Ele sermos glorificados (cfr. Rom. 8,17). É por Ele que "o corpo inteiro, alimentado e coeso em suas junturas e ligamentos, se desenvolve com o crescimento dado por Deus" (Col. 2,19). Ele mesmo distribui continuamente, no Seu corpo que é a Igreja, os dons dos diversos ministérios, com os quais, graças ao Seu poder, nos prestamos mutuamente serviços em ordem à salvação, de maneira que, professando a verdade na caridade, cresçamos em tudo para Aquele que é a nossa cabeça (cfr. Ef. 4, 11-16). (LG, n. 7)

Nisto se manifestou a caridade de Deus para conosco, em que o Filho unigénito de Deus foi enviado ao mundo pelo Pai a fim de que, feito homem, desse nova vida pela Redenção a todo o género humano e o unificasse. Antes de se imolar no altar da cruz como hóstia imaculada, rogou ao Pai pelos que creem, dizendo: "Para que todos sejam um, como tu, Pai, em mim e eu em ti; para que sejam um em nós, a fim de que o mundo creia que tu me enviaste" (Jo. 17,21). Na Sua Igreja instituiu o admirável sacramento da Eucaristia, pelo qual é tanto significada como realizada a unidade da Igreja. A Seus discípulos deu o novo mandamento do mútuo amor e prometeu o

> Espírito Paráclito, que, como Senhor e fonte de vida, com eles permanecesse para sempre. Suspenso na cruz e glorificado, o Senhor Jesus derramou o Espírito prometido. Por Ele chamou e congregou na unidade da fé, esperança e caridade o Povo da nova Aliança, que é a Igreja, como atesta o Apóstolo: "Só há um corpo e um espírito, como também fostes chamados numa só esperança da vossa vocação. Só há um Senhor, uma fé, um Batismo" (Ef. 4, 4-5). Com efeito, todos quantos fostes batizados em Cristo, vos revestistes de Cristo... Pois todos sois um em Cristo Jesus. O Espírito Santo habita nos crentes, enche e rege toda a Igreja, realiza aquela maravilhosa comunhão dos fiéis e une a todos tão intimamente em Cristo, que é princípio da unidade da Igreja. Ele faz a distribuição das graças e dos ofícios, enriquecendo a Igreja de Jesus Cristo com múltiplos dons, "a fim de aperfeiçoar os santos para a obra do ministério, na edificação do corpo de Cristo" (Ef. 4,12). (UR, n. 2)

A Eucaristia também é apresentada como vínculo de unidade, em uma perspectiva ecumênica, buscando o estabelecimento de diálogo. Entre as perspectivas apresentadas estão as igrejas orientais, que, principalmente por causa da sucessão apostólica, do sacerdócio e da Eucaristia, conservam certa união com a Igreja Católica (UR, n. 15).

No que tange às denominações eclesiais separadas, ainda que não estejam unidas à Igreja em uma unidade plena e que não conservem integralmente a substância do mistério eucarístico, ao fazerem memória da ceia do Senhor, manifestam comunhão em Cristo. Por esse motivo, tais temas devem ser objeto de diálogo (UR, n. 22).

3.1.3 Eucaristia e vida espiritual

Alguns documentos do Concílio Vaticano II apresentam a Eucaristia como fonte de vida espiritual, que vivifica, confirma e impulsiona a pessoa em sua vida de fé, por meio de sua vocação específica, pois a participação no Corpo e no Sangue de Cristo a transforma naquilo que ela toma (LG, n. 26).

> Participando, a seu modo, do múnus dos apóstolos, os presbíteros recebem de Deus a graça de serem ministros de Jesus Cristo no meio dos povos, desempenhando o sagrado ministério do Evangelho, para que seja aceita a oblação dos mesmos povos, santificada no Espírito Santo. Com efeito, o Povo de Deus é convocado e reunido pela virtude da mensagem apostólica, de tal modo que todos quantos pertencem a este Povo, uma vez santificados no Espírito Santo, se ofereçam como "hóstia viva, santa e agradável a Deus" (Rom,. 12, l) […] Por isso, o fim que os presbíteros pretendem atingir com o seu ministério e com a sua vida é a glória de Deus Pai em Cristo. Esta glória consiste em que os homens aceitem consciente, livre e gratamente a obra de Deus perfeitamente realizada em Cristo, e a manifestem em toda a sua vida. Os presbíteros, portanto, quer se entreguem à oração e à adoração quer preguem a palavra de Deus, quer ofereçam o sacrifício eucarístico e administrem os demais sacramentos, quer exerçam outros ministérios favor dos homens, concorrem não só para aumentar a glória de Deus mas também para promover a vida divina nos homens. Tudo isto, enquanto dimana da Páscoa de Cristo, será consumado no advento glorioso do mesmo Senhor, quando Ele entregar o reino nas mãos do Pai. (PO, n. 2)

> Pois todos os seus trabalhos, orações e empreendimentos apostólicos, a vida conjugal e familiar, o trabalho de cada dia, o descanso do espírito e do corpo, se forem feitos no Espírito, e as próprias incomodidades da vida, suportadas com paciência, se tornam em outros tantos sacrifícios espirituais, agradáveis a Deus por Jesus Cristo; sacrifícios estes que são piedosamente oferecidos ao Pai, juntamente com a oblação do corpo do Senhor, na celebração da Eucaristia. E deste modo, os leigos, agindo em toda a parte santamente, como adoradores, consagram a Deus o próprio mundo. (LG, n. 34)

Assim, o dom espiritual que emana da vivência eucarística relaciona-se diretamente com o testemunho cristão, que é parte constitutiva da vida de fé. Pois, formados pela palavra de Deus e saciados pela participação na mesa eucarística, os fiéis aprendem a oferecer a si mesmos, para que sejam aperfeiçoados na unidade com Deus e Este possa ser tudo em todos (SC, n. 48).

3.2 Reforma do culto eucarístico no contexto da constituição Sacrosanctum Concilium

Tendo em vista, como expusemos no capítulo anterior, todo o movimento de reflexão acerca do rito eucarístico no período pré-conciliar, estava clara a necessidade de uma reforma litúrgica. A constituição conciliar *Sacrosanctum Concilium* estabelece as orientações para tal reforma. Seu objetivo não é rever a estrutura dogmática, mas, a fim de "fomentar a vida cristã entre os fiéis, adaptar melhor às necessidades do nosso tempo as instituições susceptíveis de mudança, [...] e fortalecer o que pode contribuir para chamar a todos ao seio da Igreja" (SC, n. 1).

A *Sacrosanctum Concilium* estrutura-se em sete capítulos e um apêndice sobre a reforma do calendário.

O primeiro capítulo, intitulado "Princípios gerais em ordem à reforma e incremento da liturgia", aborda questões relacionadas à natureza da sagrada liturgia, à sua importância na vida da Igreja e aos princípios norteadores para a implantação da reforma litúrgica (como a educação litúrgica e as instâncias de promoção da pastoral litúrgica nas dioceses).

O segundo capítulo, "O sagrado mistério da Eucaristia", destaca a importância da participação dos fiéis, a necessidade da realização da homilia e a celebração da missa na língua vernácula (própria de cada local).

O capítulo "Os outros sacramentos e os sacramentais", o terceiro deles, aborda as questões relacionadas aos outros sacramentos que não a Eucaristia e seus ritos, como também aos sacramentais[1].

O quarto capítulo, nomeado "O ofício divino" trata da natureza, do objetivo e do valor dessa oração. Estabelece as normas para a realização de sua reforma e para sua recitação em comunidade ou em particular.

O quinto capítulo, designado "O ano litúrgico", discorre sobre o ciclo do tempo que deve ser obedecido, incluindo as festas destinadas à Virgem Maria e aos santos, os domingos e a quaresma.

O sexto capítulo, intitulado "A música sacra", aborda a importância da música para a liturgia, enfatizando a necessidade de sua promoção por meio de formação adequada. Aborda questões acerca da adaptação musical às diferentes culturas e normas para compositores.

O sétimo capítulo, "A arte sacra e as alfaias litúrgicas", aborda questões relacionadas à arte sacra, como a confecção de alfaias, o uso de obras de arte em espaços sagrados, o culto a imagens e a necessidade de promover adequada formação para artistas.

Para compreender a reforma estabelecida pela *Sacrosanctum Concilium,* é importante ter em mente que um dos objetivos do Concílio Vaticano II era promover um *aggiornamento*[2], tendo como fundamento as fontes da Revelação e da Tradição da Igreja (Passos;

---

[1] "Chamamos de sacramentais os sinais sagrados instituídos pela Igreja, cujo objetivo é preparar os homens para receber o fruto dos Sacramentos e santificar as diferentes circunstâncias da vida. Entre os sacramentais, ocupam lugar as bênçãos. Compreendem ao mesmo tempo o louvor a Deus por suas obras e seus dons e a intercessão da Igreja, a fim de que os homens possam fazer uso dos dons de Deus segundo o espírito do Evangelho" (CIC, n. 1677, 1678).

[2] Termo que indica uma das finalidades do Concílio Vaticano II. Significa *atualização* e pode ter três sentidos básicos: colocar em dia, modernizar no sentido de adequar-se a novas exigências e adiantar-se (Passos; Sanchez, 2015, p. 8).

Sanchez, 2015). Assim, por meio da Sagrada Escritura e das fontes da patrística, a constituição indica os efeitos da liturgia na vida da Igreja e da pessoa humana:

> A Liturgia [...] opera o fruto da nossa Redenção [...] ao mesmo tempo que edifica os que estão na Igreja em templo santo no Senhor, em morada de Deus no Espírito, até à medida da idade da plenitude de Cristo, robustece de modo admirável as suas energias para pregar Cristo e mostra a Igreja aos que estão fora, como sinal erguido entre as nações, para reunir à sua sombra os filhos de Deus dispersos, até que haja um só rebanho e um só pastor. (SC, n. 2)

Algumas questões teológicas tratadas ao longo do documento são importantes para a compreensão dos fundamentos da reforma litúrgica proposta. A centralidade do mistério pascal de Cristo é, sem dúvida, uma das mais importantes, tendo em vista que é possível perceber uma relação íntima e agora clara entre as compreensões de sacrifício e sacramento.

Aprofundando...

> Esta obra da redenção dos homens e da glorificação perfeita de Deus, prefigurada pelas suas grandes obras no povo da Antiga Aliança, realizou-a Cristo Senhor, principalmente pelo mistério pascal da sua bem-aventurada Paixão, Ressurreição dos mortos e gloriosa Ascensão, em que morrendo destruiu a nossa morte e ressurgindo restaurou a nossa vida. Foi do lado de Cristo adormecido na cruz que nasceu o sacramento admirável de toda a Igreja. (SC, n. 3)
>
> E sempre que comem a Ceia do Senhor, anunciam igualmente a sua morte até Ele vir. [...] celebrando a Eucaristia, na qual se torna presente o triunfo e a vitória da sua morte, e dando graças a Deus pelo Seu dom inefável (2Cor, 9, 15) em Cristo Jesus, para louvor da sua glória, pela virtude do Espírito Santo. (SC, n. 6)

> O nosso Salvador instituiu na última Ceia, na noite em que foi entregue, o Sacrifício eucarístico do seu Corpo e do seu Sangue para perpetuar pelo decorrer dos séculos, até Ele voltar, o Sacrifício da cruz, confiando à Igreja, sua esposa amada, o memorial da sua morte e ressurreição: sacramento de piedade, sinal de unidade, vínculo de caridade, banquete pascal em que se recebe Cristo, a alma se enche de graça e nos é concedido o penhor da glória futura. (SC, n. 47)

Segundo Aldazábal (2012, p. 216), "é legítima até certo ponto a distinção, porque a presença sacramental de Cristo dura ainda depois da celebração sacrificial". Entretanto, essa distinção foi exagerada ao longo da história, considerando-se, de um lado, a Eucaristia como sacrifício – no ato da consagração – e, do outro, como sacramento – na comunhão e no culto eucarístico posterior. Agora, compreendendo a relação entre sacrifício e sacramento, podemos entender a liturgia celebrada como uma antecipação da liturgia celeste (SC, n. 8).

Outra questão a ser ressaltada é a do lugar da liturgia no conjunto da vida e da ação da Igreja. Compreendendo que ela "é simultaneamente a meta para a qual se encaminha a ação da Igreja e a fonte de onde promana toda a sua força" (SC, n. 10), é preciso realizá-la de forma autêntica, para fomentar a vida espiritual da Igreja e de cada fiel.

Aprofundando...

> A Liturgia, por sua vez, impele os fiéis, saciados pelos mistérios pascais, a viverem unidos no amor; pede que sejam fiéis na vida a quanto receberam pela fé; e pela renovação da aliança do Senhor com os homens na Eucaristia, e aquece os fiéis na caridade urgente de Cristo. Da Liturgia, pois, em especial da Eucaristia, corre sobre nós, como de sua fonte, a graça, e por meio dela conseguem os homens com total eficácia a

> santificação em Cristo e a glorificação de Deus, a que se ordenam, como a seu fim, todas as outras obras da Igreja. (SC, n. 10)
>
> Para assegurar esta eficácia plena, é necessário, porém, que os fiéis celebrem a Liturgia com retidão de espírito, unam a sua mente às palavras que pronunciam, cooperem com a graça de Deus, não aconteça de a receberem em vão. Por conseguinte, devem os pastores de almas vigiar por que não só se observem, na ação litúrgica, as leis que regulam a celebração válida e lícita, mas também que os fiéis participem nela consciente, ativa e frutuosamente. (SC, n. 11)

Todo trabalho apostólico deve ordenar-se para fomentar a participação de todos os filhos de Deus pela fé e pelo batismo na celebração eucarística (SC, n. 10). Essa participação deve ocorrer de forma plena e ativa. Por esse motivo, a constituição salienta a necessidade de uma ampla formação (SC, n. 14-19).

Após essas considerações, a constituição define diversas normas para a reforma da liturgia. Como já apresentamos no início desta seção, nesse documento, salienta-se a importância de respeitar o que é imutável, mas alterar o que é passível de mudanças tendo em vista a necessidade de chegar a uma liturgia mais autêntica e clara:

> A santa mãe Igreja, para permitir ao povo cristão um acesso mais seguro à abundância de graça que a Liturgia contém, deseja fazer uma acurada reforma geral da mesma Liturgia. Na verdade, a Liturgia compõe-se duma parte imutável, porque de instituição divina, e de partes susceptíveis de modificação, as quais podem e devem variar no decorrer do tempo, se porventura se tiverem introduzido nelas elementos que não correspondam tão bem à natureza íntima da Liturgia ou se tenham tornado menos apropriados. Nesta reforma, proceda-se quanto aos textos e ritos, de tal modo que eles exprimam com mais clareza as coisas santas que

significam, e, quanto possível, o povo cristão possa mais facilmente aprender-lhes o sentido e participar neles por meio de uma celebração plena, ativa e comunitária. (SC, n. 21)

Algumas das principais modificações que a *Sacrosanctum Concilium* promoveu na liturgia foram:

- a liturgia como fonte de espiritualidade cristã (SC, n. 9);
- o resgate da importância da Sagrada Escritura na celebração eucarística e em toda a liturgia (SC, n. 24, 25);
- a participação ativa de todo o povo na celebração eucarística (SC, n. 30, 48);
- a substituição do latim pela língua vernácula[3] (SC, n. 36, 54);
- a ampliação e a possibilidade de inculturação da música sacra (SC, n. 112, 119).

3.3 Reforma do culto eucarístico e desdobramentos após o Concílio Vaticano II

Depois de ser publicada a constituição conciliar *Sacrosanctum Concilium*, no ano de 1963, um processo de reflexão e organização litúrgica foi iniciado com vistas à implementação da renovação pretendida pelo Concílio Vaticano II. Para tanto, foram emitidas instruções para a reta aplicação da constituição sobre a sagrada liturgia do Concílio Vaticano II, entre elas a *Inter Oecumenici* (1964) e *Tres abhinc annos* (1967). A primeira

---

[3] Destacamos que a instituição da língua vernácula não aboliu a possibilidade do uso da língua latina ou ainda outras línguas antigas na Igreja.

visava à aplicação da constituição litúrgica; a segunda estabelecia posteriores adaptações à ordem da missa.

Outros documentos – como a carta encíclica *Mysterium fidei* (1965), a instrução *Eucharisticum mysterium* (1967) sobre o culto do mistério eucarístico e a *Instrução Geral do Missal Romano* (1969-70) – também publicados no período são importantes para a compreensão dos encaminhamentos dados à reforma litúrgica, principalmente no âmbito da celebração da Eucaristia.

3.3.1 Carta encíclica *Mysterium fidei*

A *Mysterium fidei* foi publicada alguns dias antes do início da última etapa do Concílio Vaticano II, quando diversas questões expostas pela *Sacrosanctum Concilium* se tornaram motivo de polêmica, tendo em vista a tentativa de adaptar à fé a mentalidade personalista própria da consciência contemporânea. As pessoas que assim procedem "divulgam opiniões que perturbam o espírito dos fiéis, provocando notável confusão quanto às verdades da fé" (MF, n. 10).

Com esse documento, o Papa Paulo VI não pretendia inserir novos elementos no cenário da reforma litúrgica, principalmente em seu contexto da celebração eucarística, mas, com base em seis temas geradores, recordar a doutrina tradicional da Igreja, recuperando os pontos destacados pelo concílio sobre o mistério eucarístico "fonte e centro de toda a vida cristã" (LM, n. 11, citado por EE, n. 1). Entre os temas abordados, destacamos:

- A Sagrada Eucaristia é um mistério da fé que deve ser entendido por meio do aspecto sacrificial e sacramental. "A reprodução sacramental na Santa Missa do sacrifício de Cristo coroado pela sua ressurreição implica uma presença […] 'real' […] porque é substancial, e porque por ela se torna presente 'Cristo completo, Deus e homem'" (EE, n. 15). Por meio desse mistério, "a eficácia salvífica do sacrifício realiza-se plenamente na comunhão, ao recebermos o corpo e o sangue do Senhor. O sacrifício eucarístico está particularmente orientado para a união íntima dos fiéis com Cristo através da comunhão" (EE, n. 16).

- O mistério eucarístico realiza-se no sacrifício da missa: "Sempre que no altar se celebra o sacrifício da cruz, no qual 'Cristo, nossa Páscoa, foi imolado' (1Cor. 5,7), realiza-se também a obra da nossa redenção. Pelo sacramento do pão eucarístico, ao mesmo tempo é representada e se realiza a unidade dos fiéis, que constituem um só corpo em Cristo" (EE, n. 21). Por esse motivo, o documento salienta a natureza comunitária da celebração eucarística, como também a importância da participação dos fiéis (EE, n. 23-24).

- A dimensão apostólica da Eucaristia é ressaltada considerando-se a importância de se estabelecer a diferença entre o grau e a natureza do sacerdócio hierárquico (fruto do sacramento da ordem) e o sacerdócio comum dos fiéis. A Eucaristia tem o sentido de apostolicidade, tendo em vista "'os fiéis por sua parte concorrem para a oblação da Eucaristia, em virtude do seu sacerdócio real', mas é o sacerdote ministerial que 'realiza o sacrifício eucarístico fazendo as vezes de Cristo e oferece-o a Deus em nome de todo o povo'" (EE, n. 28).

- A Eucaristia é vínculo de comunhão eclesial, "entretanto a celebração da Eucaristia não pode ser o ponto de partida da comunhão, cuja existência pressupõe, visando a sua consolidação e perfeição. [...] quer na dimensão *invisível*, que em Cristo, pela ação do Espírito Santo, nos une ao Pai e entre nós, quer na *visível*, que implica a comunhão com a doutrina dos Apóstolos, os sacramentos e a ordem hierárquica (EE, n. 35).

- Os meios para a realização da celebração litúrgica são destacados, tendo em vista que o "mistério eucarístico se tenha exprimido ao longo da história não só através da exigência duma atitude interior de devoção, mas também *mediante uma série de expressões exteriores*" (EE, n. 49). Entre elas, encontra-se a arte, em todas as suas expressões, que deve ter como fundamento os princípios da tradição cristã e a inculturação, mas sem o risco de empobrecer a fé processada como herança da Igreja (EE, n. 51).

Ao finalizar a encíclica, Paulo VI salienta a seriedade da renovação litúrgica, que não permite em si *"reduções nem instrumentalizações; há-de ser vivido na sua integridade, quer na celebração, quer no colóquio íntimo com Jesus acabado de receber na comunhão, quer no período da adoração eucarística fora da Missa"* (EE, n. 61). Destaca também que o concílio não propõe um novo programa para impulsionar a fé cristã, mas que se concentra "no próprio Cristo, que temos de conhecer, amar, imitar, para n'Ele viver a vida trinitária". Podemos afirmar que "a concretização deste programa de um renovado impulso na vida cristã passa pela Eucaristia" (EE, n. 60).

3.3.2 Instrução *Eucharisticum mysterium*

A instrução *Eucharisticum mysterium* versa sobre o culto da Sagrada Eucaristia, sintetizando os diferentes temas tratados em diversos documentos conciliares.

> [Esta instrução] estabelece as regras práticas desta natureza que podem ser adequadas para a situação atual. O propósito particular dessas regras não é apenas enfatizar os princípios gerais de como instruir as pessoas na Eucaristia, mas também tornar mais inteligíveis os sinais pelos quais a Eucaristia é celebrada como memorial do Senhor e adorada como um permanente sacramento na Igreja. (EM, n. 4)

Trata-se de um documento importante para a compreensão das principais afirmações do Concílio Vaticano II, e constitui um quadro diretivo que busca explicar a nova normativa litúrgica. Das várias temáticas abordadas, consideramos que algumas são centrais para a compreensão da intencionalidade do documento.

A primeira é o **vínculo entre a Eucaristia e a Igreja**, pois aquela é a celebração comunitária do memorial da Páscoa de Cristo. Assim, o "Mistério Eucarístico deve ter como objetivo ajudar os fiéis a perceberem que a celebração da Eucaristia é o verdadeiro centro de toda a vida cristã na Igreja" (EM, n. 6).

A segunda temática abordada é a **articulação de vários aspectos da Eucaristia** – presença, comunhão e sacrifício – na celebração litúrgica.

> Ele está sempre presente em um corpo de fiéis reunidos em Seu nome. Ele também está presente em Sua Palavra, pois é Ele quem fala quando as Escrituras são lidas na Igreja. No sacrifício da Eucaristia, ele está presente tanto na pessoa do ministro, "o mesmo agora oferecendo através do ministério do sacerdote que se ofereceu anteriormente na Cruz", e acima de tudo sob as espécies da Eucaristia. Neste sacramento Cristo está presente de uma maneira única, inteira e completa, Deus e homem, substancial e permanentemente. Esta presença de Cristo sob a espécie "é chamada de" real "não em um sentido exclusivo, como se os outros tipos de presença não fossem reais, mas" por excelência. (EM, n. 9)

A terceira temática abordada é a **Eucaristia como ápice do evento salvífico**. Muitas são as formas pelas quais a Igreja se torna provedora da salvação, mas, como afirma a *Sacrosanctum Concilium*, o vértice da salvação está na Eucaristia, entendida como dom de Deus e resposta humana (SC, n. 48).

A quarta temática é a compreensão da **Eucaristia como ápice da vida e do culto**. Entendida como ponto de convergência de toda a vida cristã, a Eucaristia influencia a vida das pessoas que dela participam.

[Essas pessoas] devem procurar viver com alegria e gratidão pela força dessa comida celestial, compartilhando a morte e a ressurreição do Senhor. E todos os que participaram da Missa devem estar ansiosos para fazer boas obras, agradar a Deus e viver com honestidade, dedicar-se à Igreja, pôr em prática o que aprendeu e crescer em piedade. (EM, n. 13)

No documento, também são salientadas normas específicas quanto à celebração eucarística. Entre essas normas, destacamos:

- o cuidado a ser assumido pelos presbíteros na preparação da celebração;
- as orientações para as missas televisionadas e radifonadas;
- os cuidados quanto à ornamentação da Igreja;
- as orientações para a celebração das missas dominicais e nos dias de semana;
- as orientações para o ministério da Eucaristia (tanto na celebração litúrgica quanto fora dela);
- as orientações sobre a guarda da Eucaristia;
- as orientações para a exposição do Santíssimo Sacramento.

3.3.3 Instrução Geral do Missal Romano

Sete anos após a promulgação da *Sacrosanctum Concilium*, foi publicado o novo *Missal Romano* (1970), que teve outras duas edições publicadas nos anos de 2000 e 2003. Embora tenha sido divulgado já em 1969, por desejo do Papa Paulo VI, o *Institutio Generalis Missalis Romani* (*Instrução Geral do Missal Romano*) foi inserido na primeira edição, de 1970, e mantido nas duas posteriores. Seu objetivo é resumir e apresentar as principais doutrinas do culto eucarístico, bem como as normas práticas para a celebração da missa. Não constitui documento dogmático, mas em instrução pastoral e ritual.

A linguagem da *Instrução Geral do Missal Romano* caracteriza uma evolução na compreensão teológica da Eucaristia, assim como um novo estilo celebrativo, seguindo as linhas do Concílio Vaticano II. A seguir, listamos os elementos que denotam essa evolução.

- A presença de Cristo ressuscitado e seu protagonismo em toda a ação litúrgica.

    > Quando Cristo Senhor estava para celebrar com os discípulos a ceia pascal, na qual instituiu o sacrifício do seu Corpo e Sangue, mandou preparar uma grande sala mobilada (*Lc* 22,12). A Igreja sempre se sentiu comprometida por este mandato e por isso foi estabelecendo normas para a celebração da santíssima Eucaristia, no que se refere às disposições da alma, aos lugares, aos ritos, aos textos. As normas recentemente promulgadas por vontade expressa do Concílio Vaticano II e o novo Missal que, de futuro, vai ser usado no rito romano para a celebração da Missa, constituem mais uma prova da solicitude da Igreja, da sua fé e do seu amor inquebrantável para com o sublime mistério eucarístico, da sua tradição contínua e coerente, apesar de certas inovações que foram introduzidas. (IGMR, n. 1)

    > Terminado o cântico de entrada, o sacerdote e toda a assembleia benzem-se com o sinal da cruz. Em seguida, o sacerdote dirige uma saudação à comunidade reunida, exprimindo a presença do Senhor. Com esta saudação e a resposta do povo manifesta-se o mistério da Igreja reunida. (IGMR, n. 28)

- A prioridade da Palavra de Deus.

    > Quando na Igreja se leem as Escrituras sagradas, é o próprio Deus a falar ao seu povo, é Cristo, presente na sua Palavra, a anunciar o Evangelho. Por isso, as leituras da Palavra de Deus, que fornecem à Liturgia um dos elementos da maior importância, devem por todos ser escutadas com veneração. Se bem que a Palavra divina, nas leituras da Sagrada Escritura, se dirija a todos os homens de todos os

tempos e seja para eles inteligível, todavia a sua eficácia aumenta quando acompanhada de um comentário vivo, quer dizer, da homilia, que constitui parte integrante da ação litúrgica. (IGMR, n. 29)

- A compreensão da assembleia como sujeito celebrante.

    Assim a Igreja, mantendo-se fiel à sua missão de ser mestra da verdade, conservando o que é "antigo", isto é, o depósito da tradição, cumpre também o dever de considerar e adoptar o que é "novo". Por isso, uma parte do novo Missal apresenta orações da Igreja mais diretamente orientadas às necessidades dos nossos tempos. Isto aplica-se de modo particular às Missas Rituais e "para várias circunstâncias", nas quais se encontram oportunamente combinadas a tradição e a inovação. Neste mesmo sentido, enquanto se mantêm intactas inúmeras expressões herdadas da mais antiga tradição da Igreja, transmitidas pelo próprio Missal nas suas múltiplas edições, muitas outras foram adaptadas às necessidades e circunstâncias atuais; outras ainda – como as orações pela Igreja, pelos leigos, pela santificação do trabalho humano, pela comunidade das nações, por algumas necessidades peculiares do nosso tempo – tiveram de ser compostas integralmente, utilizando as ideias, muitas vezes até as expressões, dos recentes documentos conciliares. (IGMR, n. 15)

- A finalidade pastoral de toda a estrutura celebrativa.

    A natureza sacrificial da Missa, [...] de acordo com toda a tradição da Igreja, foi mais uma vez formulada pelo Concílio Vaticano II, quando, a respeito da Missa, proferiu estas significativas palavras: O nosso Salvador, na Última Ceia, instituiu o sacrifício eucarístico do seu Corpo e Sangue, com o fim de perpetuar através dos séculos, até à sua vinda, o sacrifício da cruz e, deste modo, confiar à Igreja, sua amada Esposa, o memorial da sua Morte e Ressurreição. Esta doutrina do Concílio, encontramo-la expressamente enunciada, de modo constante, nos próprios textos da Missa. Assim [...] todas as vezes que celebramos o memorial deste sacrifício, realiza-se a obra da nossa redenção – aparece-nos desenvolvido com toda a clareza e propriedade nas Orações. Com efeito, no momento em que o sacerdote faz a anamnese, dirigindo-se a Deus em nome de todo o povo, dá-Lhe graças e oferece-Lhe o sacrifício vivo e santo; isto é, a oblação apresentada pela Igreja e a Vítima por cuja imolação quis o mesmo Deus ser aplacado; e pede que o Corpo e Sangue de Cristo sejam sacrifício agradável a Deus Pai e salvação para o mundo inteiro. Deste modo, no novo Missal, a norma da oração da Igreja está em consonância perfeita com a sua ininterrupta norma de fé. Esta ensina-nos que, para além da diferença no modo como é oferecido, existe perfeita identidade entre o sacrifício da cruz e a sua renovação sacramental na Missa, a qual foi instituída por Cristo Senhor na Última Ceia, quando mandou aos Apóstolos que o fizessem em memória d'Ele. Consequentemente, a Missa é ao mesmo tempo sacrifício de louvor, de ação de graças, de propiciação, de satisfação. (IGMR, n. 2)

Síntese

No conjunto das reflexões do Concílio Vaticano II, a Eucaristia constitui um dos temas fundantes, presente em diversos documentos. Destacam-se as questões que versam sobre o mistério da salvação, da unidade eclesial e da vida espiritual. Todavia, é no documento *Sacrosanctum Concilium* e na reforma litúrgica proposta por ele que se encontram os principais pressupostos teológicos relacionados à Eucaristia. Após o concílio, diversos documentos contribuíram para a efetivação da reforma, assim como para o aprofundamento sobre a reflexão acerca da Eucaristia. Entre eles destacamos: a carta encíclica *Mysterium fidei*, a instrução *Eucharisticum mysterium* e a *Instrução Geral do Missal Romano*.

Indicação cultural

Leia a carta encíclica *Mysterium fidei*, o primeiro documento sobre a Eucaristia promulgado pela Igreja após a constituição conciliar *Sacrosanctum Concilium*. Seu objetivo é esclarecer incompreensões sobre a doutrina da constituição.

PAULO VI, Papa. **Mysterium fidei**. Roma, 3 set. 1965. Disponível em: <http://w2.vatican.va/content/paul-vi/pt/encyclicals/documents/hf_p-vi_enc_03091965_mysterium.html>. Acesso em: 26 jul. 2024.

Atividades de autoavaliação

1. No Concílio Vaticano II, o tema da Eucaristia esteve presente em diversas situações, embora não tenha sido produzido nenhum texto que o abordasse de forma particular. Ele aparece em diversos documentos que discorrem sobre a Eucaristia a partir de certos eixos de análise. Quais são eles?

    I. Eucaristia como mistério de salvação.
    II. Eucaristia como ósculo da paz.
    III. Eucaristia como vínculo de unidade.
    IV. Eucaristia como fundamento da vida espiritual.

    Estão corretas as afirmativas:

    a) I, II e IV.
    b) I, III e IV.
    c) II, III e IV.
    d) I, II e III.
    e) II e III.

2. A constituição conciliar *Sacrosanctum Concilium* propõe realizar a reforma do culto divino. No que diz respeito à celebração eucarística, quais foram as principais modificações realizadas por ela?
   I. O resgate da importância da Sagrada Escritura na celebração eucarística e em toda a liturgia.
   II. A participação ativa de todo o povo na celebração eucarística como vínculo de unidade.
   III. A substituição do latim pela língua vernácula nas celebrações litúrgicas.
   IV. A proibição da comunhão por parte das crianças.

   Estão corretas as afirmativas:

   a) I, II, III e IV.
   b) II e III.
   c) II, III e IV.
   d) I, II e III.
   e) II, e IV.

3. Após a promulgação da constituição *Sacrosanctum Concilium*, diversos documentos do Magistério da Igreja foram publicados até 1970, com a finalidade de orientar a reta aplicação da constituição. Quais são esses documentos?
   I. Instrução *Inter Oecumenici*.
   II. Carta encíclica *Mysterium fidei*.
   III. Instrução *Tres abhinc annos*.
   IV. Instrução *Eucharisticum mysterium*.

   Estão corretas as afirmativas:

   a) I, II, III e IV.
   b) I, III e IV.
   c) II, III e IV.

d) I, II e III.
e) II e III.

4. A carta encíclica *Mysterium fidei* foi publicada alguns dias antes do início da última etapa do Concílio Vaticano II, quando diversas questões colocadas pela *Sacrosanctum Concilium* se tornaram motivo de polêmica. O objetivo do documento é recordar a doutrina tradicional da Igreja sobre a Eucaristia, recuperando os pontos destacados pelo concílio. No que tange a esses pontos, assinale V para as afirmativas verdadeiras e F para as falsas.
   ( ) A Sagrada Eucaristia é um mistério da fé que deve ser entendido por meio do aspecto sacrificial e sacramental.
   ( ) O mistério eucarístico realiza-se no sacrifício da missa.
   ( ) A Eucaristia tem uma dimensão apostólica.
   ( ) A Eucaristia é vínculo de comunhão eclesial.

   A sequência correta de preenchimento dos parênteses é:

   a) V, V, F, V.
   b) F, F, V, V.
   c) V, V, V, V.
   d) F, F, V, F.
   e) V, F, V, F.

5. A Instrução *Eucharisticum mysterium* versa sobre o culto da sagrada Eucaristia com base em quatro temáticas centrais. Assinale as alternativas que **não** apresenta uma dessas temáticas:
   a) O vínculo existente entre a Eucaristia e a Igreja.
   b) A articulação de vários aspectos da Eucaristia – presença, comunhão e sacrifício – na celebração litúrgica.
   c) A Eucaristia como vínculo de estreitamento do diálogo inter-religioso.

d) A Eucaristia como ápice do evento salvífico.
e) A Eucaristia como ápice da vida e do culto.

Atividades de aprendizagem

Questões para reflexão

1. Uma das ações da reforma litúrgica foi promover uma participação mais ativa dos fiéis na celebração eucarística. Com base na leitura deste capítulo, reflita sobre quais foram as principais mudanças ocorridas para que esse objetivo fosse alcançado e pontue-as.

2. Na constituição conciliar *Sacrosanctum Concilium* e em outros documentos promulgados logo após o início da reforma litúrgica e como consequência dela, encontra-se várias vezes a menção à Eucaristia como ápice da vida humana e o ponto para o qual a vida cristã converge. Com base na leitura deste capítulo, explique como isso precisa acontecer.

Atividade aplicada: prática

1. Muitos de nós não conhecemos a estrutura do culto eucarístico antes da reforma conciliar, mas sacerdotes, religiosos e leigos de nossas comunidades conhecem. Converse com eles e busque comparar, com base em suas narrativas, o que você estudou neste capítulo e a experiência de cada um deles.

4
Oração eucarística e a celebração da fé

Neste capítulo, refletiremos acerca dos fundamentos teológicos da liturgia eucarística. Para tanto, abordaremos o lócus próprio da oração eucarística no contexto litúrgico, reestruturada a partir da reforma litúrgica iniciada no Concílio Vaticano II. Por fim, abordaremos os pressupostos teológicos que fundamentaram a estruturação das orações eucarísticas.

4.1 Oração eucarística no contexto litúrgico

Como explicamos nos capítulos anteriores, a Eucaristia é a "fonte e centro de toda a vida cristã" (EE, n. 1). Na condição de celebração, ela é apresentada aos fieis por meio de duas mesas: a da Palavra e a do Corpo e Sangue de Cristo, que, segundo um princípio de unidade intrínseca, encerram em si o mistério eucarístico. Agora, vamos nos ater à dimensão litúrgica da mesa do Corpo e Sangue de Cristo: a oração eucarística, que, muito mais que uma simples oração, é a atualização do mistério da Morte e Ressurreição de Jesus. Como afirma Augé (1996, p. 160):

> A oração Eucarística não é somente oração, simples "sacrifício de louvor", mas é a realização de um fato: o sacrifício pascal de Jesus; as suas palavras não relembram somente algo do passado, mas cumpre um mistério no presente: a morte e ressurreição de Cristo, e, portanto, exprime a mais elevada ação de graças e a súplica mais profunda ao Pai, por Cristo no Espírito.

Podemos afirmar que a oração eucarística insere a assembleia no cerne do mistério pascal de Cristo celebrado na missa. Tal percepção é ratificada pela *Instrução Geral do Missal Romano*, que afirma que a oração eucarística é o centro e o ápice de toda a celebração (IGMR, n. 54). É o momento em que todos elevam os corações, em união eclesial, a Deus em oração e em ação de graças, na prece que encaminham a Deus Pai, por intermédio de Jesus, por intercessão do Espírito Santo (IGMR, n. 78).

Em sua estrutura, os principais elementos são: a ação de graças, a aclamação, a epiclese, a narração da instituição da Eucaristia e a consagração, a anamnese, a oblação, a intercessão e a doxologia.

Aprofundando...

- Ação de graças (expressa de modo particular no Prefácio): em nome de todo o povo santo, o sacerdote glorifica a Deus Pai e dá-Lhe graças por toda a obra da salvação ou por algum dos seus aspectos particulares, conforme o dia, a festa ou o tempo litúrgico.
- Aclamação: toda a assembleia, em união com os coros celestes, canta o Sanctus (Santo). Esta aclamação, que faz parte da Oração Eucarística, é proferida por todo o povo juntamente com o sacerdote.
- Epiclese: consta de invocações especiais, pelas quais a Igreja implora o poder do Espírito Santo, para que os dons oferecidos pelos homens sejam consagrados, isto é, se convertam no Corpo e Sangue de Cristo; e para que a hóstia imaculada, que vai ser recebida na Comunhão, opere a salvação daqueles que dela vão participar.
- Narração da instituição e consagração: mediante as palavras e gestos de Cristo, realiza-se o sacrifício que o próprio Cristo instituiu na última Ceia, quando ofereceu o seu Corpo e Sangue sob as espécies do pão e do vinho e os deu a comer e a beber aos Apóstolos, ao mesmo tempo que lhes confiou o mandato de perpetuar este mistério.
- Anamnese[1]: em obediência a este mandato, recebido de Cristo Senhor através dos Apóstolos, a Igreja celebra a

---

1 Palavra de origem grega que significa fazer memória, recordar. No contexto da oração eucarística, a anamnese é a expressão de fé realizada após a narração da instituição (cf. CIC, n. 1354): "fazei isto em memória de Mim" (Lc 22,19).

> memória do mesmo Cristo, recordando de modo particular a sua bem-aventurada paixão, gloriosa ressurreição e ascensão aos Céus.
> - Oblação: neste memorial, a Igreja, de modo especial aquela que nesse momento e nesse lugar está reunida, oferece a Deus Pai, no Espírito Santo, a hóstia imaculada. A Igreja deseja que os fiéis não somente ofereçam a hóstia imaculada, mas aprendam a oferecer-se também a si mesmos e, por Cristo mediador, se esforcem por realizar de dia para dia a unidade perfeita com Deus e entre si, até que finalmente Deus seja tudo em todos.
> - Intercessões: por elas se exprime que a Eucaristia é celebrada em comunhão com toda a Igreja, tanto do Céu como da terra, e que a oblação é feita em proveito dela e de todos os seus membros, vivos e defuntos, chamados todos a tomar parte na redenção e salvação adquirida pelo Corpo e Sangue de Cristo.
> - Doxologia final: exprime a glorificação de Deus e é ratificada e concluída pela aclamação Amém do povo. (IGMR, n. 79)

4.2 Orações eucarísticas no contexto da reforma litúrgica do Concílio Vaticano II

Para esclarecer como a reforma litúrgica atuou sobre as orações eucarísticas, é importante ter claro como estas eram vivenciadas na Igreja. Como expusemos no Capítulo 1, a primeira estruturação da oração eucarística, realizada por Santo Hipólito, foi recebendo outras contribuições de padres da Igreja e teólogos que formaram substancialmente o que viria a ser o cânon romano.

Ao longo da Idade Média, tendo em vista diferentes influências pontuadas no Capítulo 2, foram sendo introduzidas mudanças significativas no modo de rezar a oração na celebração eucarística. Elementos como recitação em voz baixa de partes da oração foram sendo introduzidos. Relacionados provavelmente a uma necessidade de atribuir sentido de mistério ou reverência ao que se celebrava, esses elementos acabaram ocasionando o afastamento cada vez maior do povo em relação à Eucaristia.

No século XIII, a prática da elevação do pão e posteriormente também do cálice com vinho simbolizava, mais que deferência, uma mudança teológica e espiritual do culto eucarístico. Estendendo a ideia de celebrar ou participar da celebração sacramental, intensificava-se a mentalidade devocional de adoração (Aldazábal, 2012). Tais práticas acentuaram o progressivo afastamento da Eucaristia, que de uma prática comunitária passou a ser compreendida com base em uma dualidade entre os ministros ordenados e o povo.

Nesse contexto, a missão da reforma litúrgica estava voltada não apenas à revisão do cânon, mas também à necessidade de adaptá-lo para que a liturgia eucarística fosse celebrada como nos primórdios da Igreja, com a participação ativa da comunidade. Assim, diversos debates foram realizados acerca do cânon romano.

Segundo Schnitzler (1970), alguns teólogos especialistas em liturgia assinalaram a necessidade de alteração no cânon; outros eram contrários à alteração, tendo em vista a desconfiguração da tradição litúrgica que expressava. Contribuições do Magistério da Igreja foram fundamentais para esse debate, em que se decidiu por não alterar o cânon em sua essência, mas propor novas orações eucarísticas, que passaram a compor oficialmente o *Missal Romano*. Segundo Aldazábal (2012, p. 433), estas foram as pequenas alterações feitas no cânon:

Foram suprimidos os *per Christum Dominum nostrum. Amen*, que eram intercalados e que enfraqueciam a unidade do conjunto da Oração.

As palavras do relato eucarístico foram unificadas para todas as orações, também para o cânon romano, acrescentando às do pão a frase de Lucas e Paulo: *quod pro vobis tradetur* (que será entregue por vós), que até então não se dizia.

O inciso *mysterium fidei*, que antes estava dentro do relato [da consagração], converteu-se no convite (Eis o mistério da fé) para que a assembleia aclamasse, depois das palavras a instituição, como uma das aclamações de memorial que foram introduzidas no missal.

Ainda segundo Aldazábal (2012, p. 435), essas alterações enriqueceram a liturgia, uma vez que a multiplicidade de orações eucarísticas permite "expressar de modo mais adequado a fé da Igreja na Eucaristia e sua compreensão da História da Salvação".

É importante salientar que essa abertura para a estruturação de novas orações eucarísticas causou em algumas Igrejas particulares (dioceses) o ímpeto de constituir orações próprias. Tal atitude foi vista com preocupação pela Igreja, que, em 1973, em uma carta intitulada *Eucharistiae participationem*, salientou que tais atitudes são condenáveis. O documento, entretanto, não impossibilita a estruturação de novas orações eucarísticas, desde que aprovadas pela Santa Sé.

> Portanto, as quatro orações eucarísticas contidas no Missal Romano revisto permanecem em vigor, e não é permitido fazer uso de qualquer outra, composta sem a permissão da Sé Apostólica ou sem sua aprovação. É solicitado às conferências episcopais e aos bispos individuais que proponham argumentação pertinente a seus sacerdotes, a fim de trazê-los sabiamente à observância dos mesmos regulamentos estabelecidos pela Igreja Romana, em benefício da própria Igreja e em favor da condução adequada de funções litúrgicas. A Sé Apostólica, movida pelo desejo pastoral de unidade,

> reserva-se o direito de determinar uma questão de tão grande importância como os regulamentos para as orações eucarísticas. Na unidade do Rito Romano, não se recusará a considerar pedidos legítimos; e as petições vindas das conferências episcopais para a elaboração de uma nova oração eucarística em circunstâncias particulares e a sua introdução na liturgia receberão uma consideração benevolente; mas, em cada caso, a Santa Sé estabelecerá as normas a serem seguidas. (EP, n. 6, tradução nossa)

Com base nessa orientação, foram estruturadas e aprovadas pela Santa Sé orações para missas com crianças (que correspondem às orações eucarísticas IX, X e XI) e sobre a reconciliação (que correspondem às orações eucarísticas VII e VIII). Também foram elaboradas orações eucarísticas por ocasião de sínodos ou congressos eucarísticos, como os da Suíça (1974), da Bélgica (1976) e de Manaus (1974), além da destinada aos surdos, composta pelos bispos da Igreja da Inglaterra.

No que tange à utilização das orações eucarísticas na liturgia, destacamos que o "grande número de Prefácios com que está enriquecido o Missal Romano tem como finalidade que os temas da ação de graças da Oração eucarística brilhem mais plenamente e a pôr em relevo os vários aspectos do mistério da salvação" (IGMR, n. 364). Salientamos também que cada oração eucarística tem uma norma que indica quando e de que forma ela pode ou deve ser utilizada.

A *Instrução Geral do Missal Romano* apresenta as normas relativas às quatro primeiras orações – as demais devem ser utilizadas para as circunstâncias que foram criadas, ou para as necessidades que atendem (IGMR, n. 365).

1. A Oração eucarística I, ou Cânone romano, pode ser utilizada em todas as ocasiões. Entretanto, a *Instrução Geral do Missal Romano* indica que ela deve ser empregada nos dias em que há um *Communicantes* (em comunhão com toda a Igreja) próprio ou nas missas em que há um *Hanc igitur* (Aceitai benignamente, Senhor)

próprio. Também aconselha que seja proferida nas celebrações dos apóstolos e dos santos mencionados por ela, como também aos domingos, a menos que, por motivos pastorais, seja preferível utilizar a Oração eucarística III.

2. A Oração eucarística II é indicada para os dias da semana ou circunstâncias peculiares. Ainda que tenha prefácio próprio, podem ser aplicados outros prefácios, especialmente aqueles que apresentam a história da salvação em forma sintética. Se a missa for celebrada em nome de um defunto, pode ser inserida, no lugar próprio, a fórmula de oração especial por ele.

3. Na Oração eucarística III, pode ser utilizado qualquer prefácio. Essa oração é feita preferencialmente aos domingos e nas festas. Nos casos em que é utilizada nas missas de defuntos, pode-se usar a fórmula própria de oração por ele.

4. À Oração eucarística IV também pode ser incorporado qualquer prefácio. Em sua estrutura, essa oração apresenta um resumo mais completo da história da salvação. Pode ser usada sempre que a missa não tenha um prefácio próprio, como também nos domingos do Tempo Comum.

4.3 Fundamentos teológicos das orações eucarísticas

Como afirmamos no início deste capítulo, a oração eucarística, no contexto celebrativo, é mais que uma simples oração, é a atualização do mistério da salvação. Assim, a Eucaristia é a celebração de toda a obra salvífica de Deus, que culmina com a Paixão, Morte e Ressurreição de Jesus e se estende até nós por meio da liturgia. A liturgia faz memória do Senhor por meio da oração eucarística, na esperança escatológica de sua vinda.

Aprofundando...

Portanto, de que maneira mais concreta é realizado este sacrifício que a Igreja deve oferecer? Ele acontece pelo fato de que a Igreja se une intimamente ao sacrifício de seu Senhor e Mestre, de tal maneira que o sacrifício dele se torna, ao mesmo tempo, o sacrifício dela. Portanto, antes de tudo torna-se na missa presente de modo misterioso o sacrifício de Cristo, o sacrifício único do Gólgota pelo qual ele redimiu o mundo. A unicidade do sacrifício de Cristo é, segundo a carta aos Hebreus, um fato intocável. (Jungmann, 2009, p. 197)

O nosso Salvador instituiu na Última Ceia, na noite em que foi entregue, o Sacrifício eucarístico do seu Corpo e do seu Sangue para perpetuar pelo decorrer dos séculos, até Ele voltar, o Sacrifício da cruz, confiando à Igreja, sua esposa amada, o memorial da sua morte e ressurreição: sacramento de piedade, sinal de unidade, vínculo de caridade, banquete pascal em que se recebe Cristo, a alma se enche de graça e nos é concedido o penhor da glória futura. (SC, n. 47)

O nosso Salvador, na Última Ceia, instituiu o sacrifício eucarístico do seu Corpo e Sangue, com o fim de perpetuar através dos séculos, até à sua vinda, o sacrifício da cruz e, deste modo, confiar à Igreja, sua amada Esposa, o memorial da sua Morte e Ressurreição. (IGMR, n. 2)

A teologia confirma a ideia de que a oração eucarística é a ação de graças que toda a Igreja celebra em honra a Deus Uno e Trino, por ação do Espírito Santo na pessoa que reza o louvor à Deus por toda sua ação redentora em Cristo.

A oração eucarística é considerada memorial, ou seja, recordação dos benefícios doados por Deus em favor de seu povo. Ela é essencialmente a recordação da Páscoa de Jesus, inscrita em um texto literário, que conduz sacramentalmente a assembleia à experiência do mistério, que na liturgia é o mistério pascal.

> A liturgia eucarística – memória do sacrifício de Cristo – é uma grande ação de graças pela criação, pela história da salvação, pela Páscoa redentora. Tudo isto [...] não é apenas recordado, mas é recapitulado em toda a sua realidade [...]. Por força do poder salvador da Páscoa, Cristo Ressuscitado está presente no memorial da Igreja, a humanidade está inserida no evento último da história. (Padoin, 1999, p. 277)

A teologia também afirma que a oração eucarística é um verdadeiro sacrifício de louvor em honra do Deus trinitário e em benefício dos homens. Toda a tradição atesta que há uma identificação entre o sacrifício de Cristo na cruz e a celebração eucarística (Padoin, 1999).

O pressuposto básico da estrutura da oração eucarística, portanto, é trinitária. Como afirma Silva (2013, p. 39), "a oração litúrgica proposta pela Igreja aos fiéis cumpre uma dupla finalidade, a saber – de confiança e adoração a Deus. Estas fazem com que a prece do orante seja sempre dirigida ao Pai, pelo Filho, no Espírito Santo".

Para que essa fundamentação fique clara, vale analisar o conteúdo das quatro primeiras orações eucarísticas demonstrando os pressupostos relacionados à trindade.

A Oração eucarística I é considerada uma **oração de intercessão** fundamentada sobre os temas da **oferta** e do **sacrífico**. Recordando passagens relacionadas à história da salvação, apresenta o sacrifico de Cristo como aquele que nos redime dos pecados, nos faz renascer pela água e pelo Espírito e nos concede a redenção eterna.

> Lembrai-vos, ó Pai, dos vossos filhos e filhas (N.N.) e de todos os que circundam este altar, dos quais conheceis a fidelidade e a dedicação em vos servir. Eles vos oferecem conosco este sacrifício de louvor por si e por todos os seus e elevam a vós as suas preces para alcançar o perdão de suas faltas, a segurança em suas vidas e a salvação que esperam.
>
> [...]
>
> Recebei, ó Pai, com bondade, a oferenda dos vossos servos e de toda a vossa família. Nós a oferecemos também por aqueles que fizestes renascer pela água e pelo Espírito Santo, dando-lhes o perdão de todos os pecados. Dai-nos sempre a vossa paz, livrai-nos da condenação eterna e acolhei-nos entre os vossos eleitos.
>
> [...]
>
> Recebei, ó Pai, esta oferenda, como recebestes a oferta de Abel, o sacrifício de Abraão e os dons de Melquisedeque. Nós vos suplicamos que ela seja levada à vossa presença, para que, ao participarmos deste altar, recebendo o Corpo e o Sangue de vosso Filho, sejamos repletos de todas as graças e bênçãos do céu. (Missal Romano, 2011, p. 469)

A Oração eucarística II não é uma composição nova; na verdade, deriva da tradição apostólica de Santo Hipólito. Nela foram realizadas algumas alterações com dois objetivos: (1) alcançar uma fundamentação trinitária mais clara, que concede um sentido eclesiológico à oração; e (2), por meio da inserção de uma epiclese, transformá-la em uma invocação ao Pai, para que envie o Espírito Santo para santificar os dons do pão e do vinho, a fim de que se tornem Corpo e Sangue de Cristo.

> Na verdade, ó Pai, vós sois santo e fonte de toda santidade. Santificai, pois, estas oferendas, derramando sobre elas o vosso Espírito, a fim de que se tornem para nós o Corpo e † o Sangue de Jesus Cristo, vosso Filho e Senhor nosso.

[...]

Celebrando, pois, a memória da morte e ressurreição do vosso Filho, nós vos oferecemos, ó Pai, o pão da vida e o cálice da salvação; e vos agradecemos porque nos tornastes dignos de estar aqui na vossa presença e vos servir.

[...]

E nós vos suplicamos que, participando do Corpo e Sangue de Cristo, sejamos reunidos pelo Espírito Santo num só corpo. (Missal Romano, 2011, p. 477)

A Oração eucarística III caracteriza-se por uma profunda contemplação das obras de Deus junto a seu povo, do sacrifício de louvor que emana do coração dos fiéis no hino de ação de graças que entoam reunidos em assembleia. As preces de intercessão são também constantes, tendo em vista a obra redentora de que a Eucaristia faz memória.

Na verdade, vós sois santo, ó Deus do universo, e tudo o que criastes proclama o vosso louvor, porque, por Jesus Cristo, vosso filho e Senhor nosso, e pela força do Espírito Santo, dais vida e santidade a todas as coisas e não cessais de reunir o vosso povo, para que vos ofereça em toda parte, do nascer ao pôr do sol, um sacrifício perfeito.

[...]

Olhai com bondade a oferenda da vossa Igreja, reconhecei o sacrifício que nos reconcilia convosco e concedei que, alimentando-nos com o Corpo e o Sangue do vosso Filho, sejamos repletos do Espírito Santo e nos tornemos em Cristo um só corpo e um só espírito.

[...]

E agora, nós vos suplicamos, ó Pai, que este sacrifício da nossa reconciliação estenda a paz e a salvação ao mundo inteiro. (Missal Romano, 2011, p. 482)

Por fim, a Oração eucarística IV apresenta o ser humano como sacerdote do universo. Nesse sentido, ele é o interprete de todas as criaturas – que a seu cuidado foram confiadas – e, portanto, o ator do grande louvor universal a Deus, fazendo memória da economia da salvação, apresentando a misericórdia de Deus diante do pecado humano.

> Na verdade, ó Pai, é nosso dever dar-vos graças, é nossa salvação dar-vos glória: só vós sois o Deus vivo e verdadeiro que existis antes de todo o tempo e permaneceis para sempre, habitando em luz inacessível. Mas, porque sois o Deus de bondade e a fonte da vida, fizestes todas as coisas para cobrir de bênçãos as vossas criaturas e a muitos alegrar com a vossa luz.
>
> Nós proclamamos a vossa grandeza, Pai santo, a sabedoria e o amor com que fizestes todas as coisas criastes o homem e a mulher à vossa imagem e lhes confiastes todo o universo, para que, servindo a vós, seu criador, dominassem toda criatura. E, quando pela desobediência perderam a vossa amizade, não os abandonastes ao poder da morte, mas a todos socorrestes com bondade, para que, ao procurar-vos, vos pudessem encontrar.
>
> Verdadeiro homem, concebido do Espírito Santo e nascido da virgem Maria, viveu em tudo a condição humana, menos o pecado; anunciou aos pobres a salvação, aos oprimidos, a liberdade, aos tristes, a alegria. E, para realizar o vosso plano de amor, entregou-se à morte e, ressuscitando dos mortos, venceu a morte e renovou a vida.
>
> Olhai, com bondade, o sacrifício que destes à vossa Igreja e concedei aos que vamos participar do mesmo pão e do mesmo cálice que, reunidos pelo Espírito Santo num só corpo, nos tornemos em Cristo um sacrifício vivo para o louvor da vossa glória. (Missal Romano, 2011, p. 488)

Síntese

Neste capítulo, esclarecemos que a oração eucarística é muito mais que uma simples oração, é a atualização do mistério da Morte e Ressurreição de Jesus. Nesse sentido, insere a assembleia no cerne do mistério pascal de Cristo celebrado na missa e é considerada de suma importância na estrutura celebrativa da Eucaristia. A partir do Concílio Vaticano II, várias modificações foram realizadas não apenas em seu aspecto estrutural (tipos e quantidades de oração), mas também no pastoral (forma como é celebrada junto à comunidade). Assim, com uma estrutura própria e com seu fundamento calcado na fé trinitária, a oração eucarística é a parte da celebração da missa que tem como finalidade nos conduzir à experiência sacramental do mistério pascal de Cristo.

Indicação cultural

Leia a *Instrução Geral do Missal Romano*, da Congregação para o Culto Divino e a Disciplina dos Sacramentos. Nesse documento pontifício, você encontra um conteúdo referente às orações eucarísticas, principalmente no que tange a sua fundamentação teológica e a sua aplicação pastoral.

SECRETARIADO NACIONAL DE LITURGIA. **Instrução Geral do Missal Romano**. Disponível em: <https://www.liturgia.pt/docs/igmr_index.php >. Acesso em: 26 jul. 2024.

Atividades de autoavaliação

1. A oração eucarística é o centro e o ápice de toda a celebração e insere a assembleia no cerne do mistério pascal de Cristo celebrado na missa. É correto afirmar que é composta das seguintes partes:

a) Ação de graças, aclamação, narração da instituição da Eucaristia, anamnese, oblação, intercessão e doxologia.
   b) Ação de graças, aclamação, consagração, anamnese, oblação, intercessão e doxologia.
   c) Ação de graças, aclamação, epiclese, narração da instituição da Eucaristia e consagração, anamnese, oblação, intercessão e doxologia.
   d) Ação de graças, narração da instituição da Eucaristia e consagração, intercessão e doxologia.
   e) Aclamação, oblação, intercessão e epiclese.

2. Na reforma litúrgica realizada a partir do Concílio Vaticano II, o antigo cânon foi transmutado para a Oração eucarística I, sofrendo poucas alterações. Quais foram essas alterações?
   I. Foram suprimidos os *per Christum Dominum nostrum. Amen*.
   II. Foram suprimidas todas as referências aos santos.
   III. O inciso *mysterium fidei*, que antes estava dentro do relato da consagração, converteu-se no convite: Eis o mistério da fé!
   IV. As palavras do relato eucarístico foram unificadas para todas as orações, acrescentando-se a frase de Lucas e Paulo: *quod pro vobis tradetur*.

   Estão corretas as afirmativas:

   a) I, II, III e IV.
   b) I, III e IV.
   c) II, III e IV.
   d) I, II e III.
   e) I e IV.

3. A *Instrução Geral do Missal Romano* apresenta as normas relativas à utilização das quatro primeiras orações eucarísticas. No que diz respeito a essas orações, analise as afirmativas a seguir.

I. A Oração eucarística I, ou Cânone romano, pode ser utilizada em todas as ocasiões e em todos os dias da semana.

II. A Oração eucarística II, é indicada para os dias da semana ou circunstâncias peculiares.

III. A Oração eucarística III pode ser aplicada preferencialmente aos domingos e nas festas.

IV. A Oração eucarística IV pode ser usada sempre que a missa não tenha um prefácio próprio, como também nos domingos do Tempo Comum.

Estão corretas as afirmativas:

a) I, II, III e IV.
b) I, III e IV.
c) II, III e IV.
d) I, II e III.
e) II e III.

4. A oração eucarística, no contexto celebrativo, é a atualização do mistério da Morte e Ressurreição de Jesus. Com base nessa reflexão teológica, é correto afirmar:

a) A Eucaristia faz memória do seu Senhor, por meio da oração eucarística, na esperança escatológica de sua vinda.
b) A Eucaristia celebra a lembrança da Última Ceia, até que a mesma se cumpra no céu, com nossa morte.
c) A oração eucarística não é considerada memorial, ou seja, como recordação dos benefícios doados por Deus em favor de seu povo.
d) A oração eucarística é um verdadeiro sacrifício de louvor em honra a Deus Pai e em benefício dos homens.

e) A oração eucarística relembra a promessa de Deus feita no Antigo Testamento.

5. A Oração eucarística II não foi uma composição nova, realizada no período da reforma litúrgica, mas deriva de uma tradição. Qual é essa tradução?
   a) A tradição da *Didaqué*.
   b) A tradição de Hipólito de Roma.
   c) A tradição medieval.
   d) A tradição dos apóstolos.
   e) A tradição dos Padres do Deserto.

Atividades de aprendizagem

Questões para reflexão

1. Releia o boxe "Aprofundando..." da Seção 4.3 e correlacione a reflexão ali apresentada com a ideia de que a oração eucarística, no contexto celebrativo é, mais que uma simples oração, a atualização do mistério da Morte e Ressurreição de Jesus.

2. A oração eucarística é a ação de graças que toda a Igreja celebra em honra a Deus Uno e Trino. Nas quatro primeiras orações, há características que remetem à contemplação desse mistério. Com base na leitura da Seção 4.3, identifique, nos trechos apresentados, elementos que permitam esse reconhecimento.

Atividade aplicada: prática

1. Segundo Aldazábal (2012, p. 432) apesar de a oração eucarística ser o "ápice de toda a celebração, ainda não é valorizada em seguida como deveria ser". Como você avalia essa afirmação em sua prática devocional e pastoral?

5
Teologia eucarística nos documentos pós-conciliares

Neste capítulo, analisaremos a produção teológica sobre a Eucaristia nos anos que sucederam o Concílio Vaticano II. Para tanto, por meio de um itinerário histórico, abordaremos a reflexão que o Magistério da Igreja desenvolveu nos vários documentos publicados.

Em especial, analisaremos a carta *Dominicae Cenae*, sobre o culto eucarístico (1980); a carta *Sacerdotium Ministeriale*, sobre o sacerdócio ministerial (1983); o *Catecismo da Igreja Católica* (1993); a carta apostólica *Dies Domini*, sobre a santificação do dia do Senhor (1998); a carta encíclica *Ecclesia de Eucharistia*, sobre a relação da Eucaristia com a Igreja (2003); a carta apostólica *Mane Nobiscum Domine*, por ocasião do ano Eucarístico (2004) e a exortação apostólica *Sacramentum Caritatis*, sobre a Eucaristia como fonte e ápice da vida e da missão da Igreja (2007).

5.1 Principais questões teológico-pastorais acerca da Eucaristia no período pós-conciliar

Como reiteramos ao longo do Capítulo 3, a Eucaristia foi tema de diversas discussões do Concílio Vaticano II e, a partir da reforma litúrgica, tornou-se objeto de várias reflexões teológicas e pastorais nos anos posteriores. Em especial, os documentos produzidos pelo Magistério da Igreja buscaram, segundo Padoin (1999), realizar aplicações teológico-espirituais, bem como aprofundamentos sobre temas específicos.

Toda essa produção buscou apresentar de forma ampla e profunda a presença eucarística com base em um sentido pessoal. Inserindo esse mistério na história da salvação, relacionou-o com o mistério da Paixão,

Morte e Ressurreição de Cristo e consequentemente com a concepção antropológica que procede da redenção e com a esperança escatológica.

No âmbito da teologia, uma das preocupações centrais era reviver a profundidade do significado memorial da presença real de Cristo na Eucaristia. Essa presença deveria ser vivenciada por meio da experiência pessoal e da unidade existente entre palavra, fé e mistério, e por meio da união comunitária/eclesial na qual todos se tornam um só, o Corpo de Cristo.

Para apresentar essas reflexões em maior profundidade, analisaremos os documentos já citados, separados metodologicamente em duas áreas temáticas: os documentos relacionados ao culto eucarístico e os relacionados à Eucaristia na vida da Igreja.

5.2 Documentos do Magistério da Igreja sobre o culto eucarístico

A partir da reforma litúrgica proposta pelo Concílio Vaticano II, questões relacionadas ao culto eucarístico tornaram-se uma das grandes preocupações do Magistério da Igreja, tendo em vista a necessidade de se promover um rito litúrgico pautado no zelo apostólico. Vários documentos tratam desse assunto. Em especial, abordaremos três: (1) a carta *Dominicae Cenae*, sobre o culto eucarístico (1980); (2) a carta *Sacerdotium Ministeriale*, sobre o sacerdócio ministerial (1983); e (3) carta apostólica *Dies Domini*, sobre a santificação do dia do Senhor (1998).

5.2.1 Carta *Dominicae Cenae*

A carta *Dominicae Cenae* foi escrita pelo Papa João Paulo II e destinada a todos os bispos da Igreja. Dividida em quatro partes, a carta versa sobre a Eucaristia e seu papel na vida da Igreja e na vida do sacerdote. O Santo Padre salienta que não há como desvincular a vocação e a vida de um sacerdote do mistério eucarístico e que dos sacerdotes é esperado um testemunho de veneração para com esse sacramento.

> Mediante a nossa Ordenação – cuja celebração anda vinculada à Santa Missa, como consta desde o primeiro testemunho litúrgico; – nós estamos unidos de modo singular e excepcional à Eucaristia. Somos aquilo que somos, de certo modo, "a partir dela" e "para ela". [...] a nós, todavia, foi-nos confiada a Eucaristia também "para" os outros, os quais esperam de nós um particular testemunho de veneração e de amor para com este Sacramento, a fim de poderem também eles sentir-se edificados e animados "para oferecerem sacrifícios espirituais". (DC, n. 2)

O Sumo Pontífice ressalta a importância do legado dos sacerdotes na promoção e manutenção do significado eclesial da vivência eucarística. Foi na comunidade apostólica que esse sacramento foi instituído, e é na comunidade em que é celebrado que sua memória se atualiza. "Só assim, mediante uma tal fé e uma tal disposição de alma, se torna realidade aquela construção da Igreja, que, conforme a conhecida expressão do II Concílio do Vaticano, tem na Santíssima Eucaristia a sua 'fonte e ápice'" (DC, n. 4).

Recordando que a Eucaristia também é chamada de *sacramento do amor*, o documento destaca a relação existente entre a vivência eucarística e a prática da caridade. "O amor que em nós nasce da Eucaristia, também em nós se desenvolve, se aprofunda e se reforça, graças a ela"; assim, a doutrina eucarística é "sinal da unidade e vínculo da caridade"

(DC, n. 5). Nessa perspectiva, o sacramento impele à vivência do mandamento do amor para com todos os seres humanos, que faz com que os cristãos sejam reconhecidos como tal (DC, n. 6).

Com base nesses fundamentos, o documento aborda questões relativas ao culto eucarístico. O primeiro tema abordado é o da sacralidade, que deve ser entendida como a presença e a ação de Cristo, o Sumo Sacerdote – representado pelo celebrante – que "anuncia o seu Evangelho; [...] que 'é o oferente e o oferecido, o consagrante e o consagrado'". Assim, o sacerdote oferece o santo sacrifício *in persona Christi* (em nome de Cristo). "Só Ele somente Cristo – podia e sempre pode ser verdadeira e efetivamente propiciador pelos nossos pecados [...]. Somente o Seu sacrifício [...] podia e pode ter 'valor propiciatório' diante de Deus, da Trindade [...]". Assim compreendida, a sacralidade tem um sentido objetivo, pois é constituída pela fé do povo, que é confirmada por Cristo (DC, n. 8).

A questão do sacrifício também é ressaltada no documento, que afirma que a Eucaristia é o "sacrifício da Redenção" e, ao mesmo tempo, "sacrifício da nova Aliança" (DC, n. 9). Realizado pelo sacerdote ordenado, o sacrifício é acompanhado por todos os fiéis que oferecem, juntamente com o pão e o vinho, seus sacrifícios espirituais.

> Daqui se segue que o celebrante, enquanto ministro daquele Sacrifício, é o autêntico Sacerdote, que opera [...] um verdadeiro ato sacrifical que reconduz os seres a Deus. Por outro lado, todos aqueles que participam na Eucaristia, sem sacrificar como o celebrante, oferecem com ele, em virtude do sacerdócio comum, os seus próprios sacrifícios espirituais, representados pelo pão e pelo vinho, desde o momento da apresentação destes ao altar. [...] O pão e o vinho tornam-se, em certo sentido, símbolo de tudo aquilo que a assembleia eucarística é portadora, de si mesma, em oferta a Deus, e que oferece em espírito. (DC, n. 9)

Sendo a Eucaristia composta de duas mesas, a da Palavra e a do Pão, a carta salienta a importância da dedicação e da responsabilidade para com a Palavra de Deus na liturgia, no que tange tanto à escolha dos textos quanto à preparação da homilia (DC, n. 10). No que diz respeito à participação na mesa do Pão, a preocupação exteriorizada no documento relaciona-se à falta de disponibilidade interior da pessoa humana para receber Cristo eucarístico. Nesse sentido, ressalta a importância do desenvolvimento de uma pastoral penitencial (DC, n. 11).

No documento, o papa destaca ainda questões relacionadas ao ministério da Eucaristia, como a deferência com a qual devem ser tratadas as sagradas espécies (DC, n. 11), principalmente tendo em vista que "a Eucaristia é um bem comum de toda a Igreja, como Sacramento da sua unidade. E por isso a Igreja tem o rigoroso dever de determinar bem tudo aquilo que diz respeito à participação e à celebração da mesma Eucaristia" (DC, n. 12).

Por fim, o João Paulo II salienta que o culto eucarístico deve ser dirigido à Santíssima Trindade, na qual reside o mistério de nossa redenção. Essa fé deve permear todas as expressões de devoção eucarística: "orações pessoais diante do Santíssimo, horas de adoração, exposições breves, prolongadas, anuais (quarenta horas), bênçãos eucarísticas, procissões eucarísticas e congressos eucarísticos" (DC, n. 3).

5.2.2 Carta *Sacerdotium Ministeriale*

Publicada pela Sagrada Congregação para a Doutrina da Fé, a carta retoma e esclarece pontos da doutrina que se referem ao sacerdócio ministerial no tocante à celebração eucarística – principalmente quando se leva em consideração a tendência errônea de equiparar o sacerdócio ministerial ordenado (exercido pelos bispos e sacerdotes) ao sacerdócio comum dos fiéis.

Segundo o documento, essas opiniões errôneas se fundamentam em uma concepção distorcida da apostolicidade da Igreja de que os sucessores dos apóstolos são todos os que foram purificados pelo batismo e nela incorporados, tornando-se, assim, participantes do múnus sacerdotal, profético e real de Cristo (SM, Intr. 1; II, 3). Essa tendência também se baseia em um entendimento equivocado sobre o sacerdócio de Cristo, de que todos os batizados participam dele, portanto seria lícito uma pessoa não ordenada, a partir do múnus batismal, assumir funções e faculdades que são próprias de um sacerdote ordenado em sua ausência (SM, II, 2).

Nesse sentido, a carta resgata o sentido da apostolicidade da Igreja, afirmando que ela "exprime além da identidade doutrinal do seu ensino com o ensino dos Apóstolos, a realidade da continuação do múnus dos Apóstolos mediante a estrutura da sucessão" (SM, III, 2). Salienta também que, apesar de o sacerdócio ministerial ou hierárquico (ordenado) não diferir essencialmente do sacerdócio comum dos fiéis, é o ministério ordenado que habilita a realização do sacrifício *in persona Christi* (SM, Intr. 1), sendo os sacerdotes ministeriais ordenados, portanto, os únicos que podem presidir a celebração eucarística.

O documento se encerra com uma breve exortação à vigilância e à solicitude no que diz respeito à celebração da Eucaristia, uma vez que a "fidelidade à vontade de Cristo e a dignidade cristã exigem que a fé transmitida permaneça a mesma e assim proporcione a todos os fiéis a paz na fé" (SM, IV).

5.2.3 Carta apostólica *Dies Domini*

A carta apostólica de João Paulo II, ante o movimento de secularização pelo qual passa a sociedade, busca recuperar os sentidos doutrinais que fundamentam não apenas o respeito ao domingo, o dia do Senhor, mas também sua santificação (DD, n. 6).

No que concerne à Eucaristia, o Sumo Pontífice salienta que vêm enfraquecendo a consciência de sua centralidade e o sentido do dever de se dar graças a Deus em uma comunidade eclesial (DD, n. 5) – o que constitui um problema, já que a celebração eucarística é um dos elementos fundamentais para a santificação do domingo (DD, n. 7).

Na Eucaristia, o fiel vivencia uma ligação vital com o Corpo e o Sangue de Cristo, que são a fonte que nutre e plasma a Igreja: "Uma vez que há um só pão, nós, embora sendo muitos, formamos um só corpo, porque todos participamos de mesmo pão" (DD, n. 32). Assim, a dimensão eclesial da Eucaristia é vivenciada todas as vezes que esta é celebrada, estando ela no centro da vida da Igreja.

Tal dimensão eclesial é essencial para a compreensão da importância da participação na Eucaristia dominical. Como celebração comunitária realizada no dia em que "Cristo venceu a morte, e nos fez participantes da sua vida imortal, [ela] manifesta com maior ênfase a dimensão eclesial" (DD, n. 34). A assembleia dominical é, portanto, o lugar privilegiado de unidade, no qual se celebra o sacramento da união entre os fiéis e a Trindade Santa (DC, n. 36). "Na Eucaristia, o sacrifício de Cristo torna-se também o sacrifício dos membros do seu Corpo. A vida dos fiéis, o seu louvor, o seu sofrimento, a sua oração, os seus trabalhos unem-se aos de Cristo e à sua total oblação, adquirindo assim um novo valor" (DD, n. 43).

Nessa perspectiva, não é possível pensar a santificação do dia do Senhor sem a participação na celebração eucarística, que dá sentido a todas as outras atividades realizadas pelo cristão.

> Vivido assim, não só a Eucaristia dominical, mas o domingo inteiro torna-se uma grande escola de caridade, de justiça e de paz. A presença do Ressuscitado no meio dos seus torna-se projeto de solidariedade, urgência de renovação interior, impulso para alterar as estruturas de pecado onde se encontram enredados os indivíduos, as comunidades e às vezes povos inteiros. (DD, n. 73)

5.3 Documentos do Magistério da Igreja sobre a Eucaristia na vida eclesial

Como já mencionamos, a reflexão sobre a Eucaristia na vida da Igreja tornou-se uma grande preocupação pastoral em razão da centralidade do mistério pascal na espiritualidade cristã. Em diversos documentos, há análises que estabelecem essa relação; alguns, inclusive, foram especialmente estruturados a fim de refletir em maior profundidade esse mistério da fé. Para fundamentar esse estudo, abordaremos quatro documentos: o *Catecismo da Igreja Católica*; a carta encíclica *Ecclesia de Eucharistia*, sobre a relação da Eucaristia com a Igreja; a carta apostólica *Mane Nobiscum Domine*, publicada por ocasião do ano eucarístico; e a exortação apostólica *Sacramentum Caritatis*, sobre a Eucaristia como fonte e ápice da vida e da missão da Igreja.

5.3.1 Eucaristia no *Catecismo da Igreja Católica*

Enfatizando que a Eucaristia é a "fonte e o ápice de toda a vida cristã" (CIC, n. 1324), o *Catecismo da Igreja Católica* ressalta o caráter celebrativo e memorial do mistério pascal.

> A Eucaristia é o memorial da Páscoa de Cristo, a atualização e a oferta sacramental de seu único sacrifício na liturgia da Igreja, que é o corpo dele. Em todas as orações eucarísticas encontramos, depois das palavras da instituição, uma oração chamada anamnese ou memorial. (CIC, n. 1362)

> A Eucaristia, sacramento de nossa salvação realizada por Cristo na cruz, é também um sacrifício de louvor em ação de graças pela obra da criação. No sacrifício eucarístico, toda a criação amada por Deus é apresentada ao Pai por meio da Morte e da Ressurreição de Cristo. Por Cristo, a Igreja pode oferecer o sacrifício de louvor em ação de graças por tudo o que Deus fez de bom, de belo e de justo na criação e na humanidade. (CIC, n. 1359)

O documento destaca ainda a presença real de Cristo na Eucaristia, considerando **único** o modo como esta acontece. Nela estão contidos "verdadeiramente, realmente e substancialmente o Corpo e o Sangue juntamente com a alma e a divindade de Nosso Senhor Jesus Cristo e, por conseguinte, o Cristo todo" (CIC, n. 1374). Assim, ao celebrar o sacrifício eucarístico, a Igreja faz memória do sacrifício pascal e o atualiza (CIC, n. 1336).

Nessa perspectiva, a Eucaristia se constitui como alimento espiritual para o ser humano, "é nosso pão cotidiano", gerando em cada pessoa que o recebe a vinculação a Cristo, que nos faz membros de seu corpo "a fim de que nos transformemos naquilo que recebemos" (CIC, n. 2837). Com base nisso, podemos perceber os efeitos que a vivência eucarística gera no ser humano.

Entre os pontos destacados pelo documento, há também o compromisso com os pobres e o amor mútuo:

> Degustaste o Sangue do Senhor e não reconheces sequer o teu irmão. Desonras esta própria mesa, não julgando digno de compartilhar do teu alimento aquele que foi julgado digno de participar desta mesa. Deus te libertou de todos os teus pecados e te convidou para esta mesa. E tu, nem mesmo assim, te tornaste mais misericordioso. (CIC, n. 1397)

> Deus não aceita o sacrifício dos que fomentam a desunião; Ele ordena que se afastem do altar para primeiro se reconciliarem com seus irmãos: Deus quer ser pacificado com orações de paz.

Para Deus, a mais bela obrigação é nossa paz, nossa concórdia, a unidade no Pai, no Filho e no Espírito Santo de todo o povo fiel. (CIC, n. 2845)

5.3.2 Carta encíclica *Ecclesia de Eucharistia*

Publicada no Tríduo Pascal de 2003, a carta encíclica *Ecclesia de Eucharistia* apresenta a Eucaristia como o "núcleo do mistério da Igreja" (EE, n. 1). Estruturada em seis capítulos, a carta expõe os aspectos dogmáticos, eclesiológicos, antropológicos e espirituais que envolvem o mistério eucarístico. Esses aspectos são de suma relevância, pois constituem o fundamento e o centro de toda a vida eclesial (EE, n. 3).

O documento destaca a importância de todo o esforço empreendido pela reforma litúrgica do Concílio Vaticano II e as vantagens alcançadas por ela no âmbito de uma "participação mais consciente, ativa e frutuosa dos fiéis no santo sacrifício do altar" (EE, n. 10). Também salienta, no entanto, as realidades nas quais o culto eucarístico tem sido celebrado segundo uma ótica de obscurecimento da fé, com uma compreensão reducionista, que o despoja de seu valor sacrificial. Pontuando que a "Eucaristia é um dom demasiado grande para suportar ambiguidades e reduções" (EE, n. 10), o Sumo Pontífice versa sobre a relação entre a Eucaristia e a Igreja.

A Eucaristia é um dos dons recebidos pela Igreja por excelência, pois é "dom d'Ele mesmo, da sua Pessoa na humanidade sagrada, e também da sua obra de salvação", compreendida como celebração do mistério da fé, como um sacrifício em sentido próprio, no qual se revela a autodoação de Cristo, por amor ao Pai e amor a nós. A Eucaristia, portanto, não é simplesmente um memorial, mas uma "presença sacramental" (EE, n. 11), uma presença real de Cristo na Igreja (EE, n. 15). Haurindo espiritualmente dessa fonte, a comunidade eclesial tem sua existência (EE, n. 12) e seu vínculo de unidade, tornando-se *Corpus Christi*, Corpo de Cristo.

Aprofundando...

Quando a Igreja celebra a Eucaristia, memorial da morte e ressurreição do seu Senhor, este acontecimento central de salvação torna-se realmente presente e realiza-se também a obra da nossa redenção. Este sacrifício é tão decisivo para a salvação do género humano que Jesus Cristo realizou-o e só voltou ao Pai *depois de nos ter deixado o meio para dele participarmos* como se tivéssemos estado presentes. Assim cada fiel pode tomar parte nela, alimentando-se dos seus frutos inexauríveis. Esta é a fé que as gerações cristãs viveram ao longo dos séculos, e que o magistério da Igreja tem continuamente reafirmado com jubilosa gratidão por dom tão inestimável. (EE, n. 11)

A Igreja vive continuamente do sacrifício redentor, e tem acesso a ele não só através duma lembrança cheia de fé, mas também com um contato atual, porque *este sacrifício volta a estar presente*, perpetuando-se, sacramentalmente, em cada comunidade que o oferece pela mão do ministro consagrado. Deste modo, a Eucaristia aplica aos homens de hoje a reconciliação obtida de uma vez para sempre por Cristo para humanidade de todos os tempos. (EE, n. 12)

Pela comunhão eucarística, a Igreja é consolidada igualmente na sua unidade de corpo de Cristo. A este *efeito unificador* que tem a participação no banquete eucarístico, alude S. Paulo quando diz aos coríntios: "O pão que partimos não é a comunhão do corpo de Cristo? Uma vez que há um só pão, nós, embora sendo muitos, formamos um só corpo, porque todos participamos do mesmo pão." (1Cor 10, 16-17) Concreto e profundo, S. João Crisóstomo comenta: "Com efeito, o que é o

> pão? É o corpo de Cristo. E em que se transformam aqueles que o recebem? No corpo de Cristo; não muitos corpos, mas um só corpo. De fato, tal como o pão é um só apesar de constituído por muitos grãos, e estes, embora não se vejam, todavia estão no pão, de tal modo que a sua diferença desapareceu devido à sua perfeita e recíproca fusão, assim também nós estamos unidos reciprocamente entre nós e, todos juntos, com Cristo". A argumentação é linear: a nossa união com Cristo, que é dom e graça para cada um, faz com que, n'Ele, sejamos parte também do seu corpo total que é a Igreja. A Eucaristia consolida a incorporação em Cristo operada no Batismo pelo dom do Espírito. (EE, n. 23)

Como "fonte de vida para a Igreja", a Eucaristia é entendida como um dos pilares da fé, que se fundamenta na Sagrada Escritura e na tradição viva da Igreja, que é apostólica. Como sacramento, a Eucaristia foi confiada por Cristo aos apóstolos, como experiência e como mandamento *in memoriam*, sendo "celebrada de acordo com a fé dos Apóstolos" (EE, n. 27). A dimensão apostólica da Eucaristia também é ressaltada segundo a perspectiva sucessória. O bispo, sucessor dos apóstolos, e os sacerdotes que presidem a celebração Eucarística, investidos do sacramento da ordem, o fazem *in persona Christi,* identificando-se, por meio do sacramento, com a pessoa do Redentor, "Sumo e Eterno Sacerdote" (EE, n. 29). Nessa perspectiva, a Eucaristia, como centro e ápice da vida da Igreja, deve também ser o centro e o ápice da vida do celebrante: "é a principal e central razão de ser do sacramento do Sacerdócio, que nasceu efetivamente no momento da instituição da Eucaristia e juntamente com ela" (EE, n. 31).

Sob a ótica da apostolicidade, a Eucaristia é compreendida como sacramento que gera o vínculo de comunhão eclesial: "mais do que em qualquer outro sacramento, o mistério [da comunhão] é tão perfeito que conduz ao apogeu de todos os bens: [...] porque nela alcançamos Deus e

Deus une-Se conosco pela união mais perfeita" (EE, n. 34). Essa comunhão é vista, antes de mais nada, como comunhão na e da graça, que se exprime na dimensão visível e invisível da existência; não sendo, portanto, o sacramento o ponto de partida para a realização dessa comunhão.

> [...] a celebração da Eucaristia não pode ser o ponto de partida da comunhão, cuja existência pressupõe, visando a sua consolidação e perfeição. O sacramento exprime esse vínculo de comunhão quer na dimensão *invisível* que em Cristo, pela ação do Espírito Santo, nos une ao Pai e entre nós, quer na dimensão *visível* que implica a comunhão com a doutrina dos Apóstolos, os sacramentos e a ordem hierárquica. A relação íntima entre os elementos invisíveis e os elementos visíveis da comunhão eclesial é constitutiva da Igreja enquanto sacramento de salvação. Somente neste contexto, tem lugar a celebração legítima da Eucaristia e a autêntica participação nela. Por isso, uma exigência intrínseca da Eucaristia é que seja celebrada na comunhão e, concretamente, na integridade dos seus vínculos. (EE, n. 35)

Essa comunhão eclesial tem, portanto, um aspecto universal: "Unindo-se a Cristo, o povo da nova aliança não se fecha em si mesmo; pelo contrário, torna-se sacramento para a humanidade" (EE, n. 22). Assim, a dimensão da comunhão estende-se também ao aspecto ecumênico. "A aspiração por chegar à meta da unidade impele-nos a voltar o olhar para a Eucaristia, que é o sacramento supremo da unidade do povo de Deus" (EE, n. 43). Todavia, enquanto essa unidade não for plena, o documento orienta sobre a impossibilidade da partilha eucarística (EE, n. 38).

Outro ponto destacado pela encíclica é a atitude de respeito e devoção para com a Eucaristia, que deve estar fundamentada em sinceras disposições interiores e em uma série de expressões exteriores: "a arquitetura, a escultura, a pintura, a música encontraram na Eucaristia, direta ou indiretamente, um motivo de grande inspiração" (EE, n. 49). As expressões exteriores estão também diretamente associadas a gestos de serviço aos irmãos, cujo exemplo clássico é o lava-pés, no qual, por meio de um gesto de comunhão-serviço, Cristo nos demonstra os frutos da Eucaristia. Assim, participar da Eucaristia inclui o compromisso de transformação da vida, "de tal forma que esta se torne, de certo modo, toda eucarística" (EE, n. 20).

Aqui voltamos ao significado da frase inicial do documento: "A Igreja vive da Eucaristia" (EE, n. 1). É na vivência integral do sacramento, "quer na celebração, quer no colóquio íntimo com Jesus acabado de receber na comunhão, quer no período da adoração eucarística fora da Missa" (EE, n. 61), que a comunidade eclesial encontra a fonte, o centro e o fundamento de sua existência espiritual e comunitária.

5.3.3 Carta apostólica *Mane Nobiscum Domine*

A carta apostólica *Mane Nobiscum Domine* foi publicada por ocasião da abertura do Ano da Eucaristia, em outubro de 2004. Ao mesmo tempo que constituía um convite a todos os cristãos católicos para que vivenciassem aquele período com zelo espiritual (MND, n. 2,3), traçava um itinerário espiritual àqueles que quisessem acolher a "proposta com pronta docilidade e vivo amor" (MND, n. 5).

Inspirada na passagem dos discípulos de Emaús (Lc 21,13-35), a carta retoma os passos da caminhada do Senhor com seus discípulos e demonstra a importância de uma compreensão integral e central da Eucaristia na vida comunitária e pessoal. Três atitudes – celebrar, adorar e contemplar – encerram o mais profundo mistério da ação eucarística na vida humana. Por meio dela, é estabelecido o vínculo de comunhão entre Deus e a pessoa, e entre Deus e a comunidade eclesial.

Aprofundando...

Ao pedido dos discípulos de Emaús para que ficasse com eles, Jesus responde com um dom muito maior: através do sacramento da Eucaristia encontrou o modo de permanecer dentro deles. Receber a Eucaristia é entrar em comunhão profunda com Jesus. Permanecei em Mim e Eu permanecerei em vós. Esta relação de íntima e recíproca permanência permite-nos antecipar de algum modo o céu na terra. Não é porventura este o maior anseio do homem? Não foi isso mesmo o que Deus Se propôs, ao realizar na história o seu desígnio de salvação? Ele colocou no coração do homem a «fome» da sua Palavra, uma fome que ficará saciada apenas na plena união com Ele. A comunhão eucarística foi-nos dada para «nos saciarmos» de Deus sobre esta terra, à espera da saciedade plena no céu. (MND, n. 19).

Mas esta intimidade especial, que se realiza na comunhão eucarística, não pode ser adequadamente compreendida nem plenamente vivida fora da comunhão eclesial. [...] A Igreja é o corpo de Cristo: caminha-se com Cristo na medida em que se está em relação com o seu corpo. Cristo providencia a geração e fomento desta unidade com a efusão do Espírito Santo. E Ele mesmo não cessa de promovê-la através da sua presença eucarística. Com efeito, é precisamente o único Pão eucarístico que nos torna um só corpo. Afirma-o o apóstolo Paulo: "Uma vez que há um só pão, nós, embora sendo muitos, formamos um só corpo, porque todos participamos do mesmo pão" (1Cor 10,17). No mistério eucarístico, Jesus edifica a Igreja como comunhão, segundo o modelo supremo evocado na *oração sacerdotal*: Para que todos sejam um só; como Tu, ó Pai, estás em Mim e Eu em ti, que também eles estejam em Nós, para que o mundo creia que Tu Me enviaste" (MND, n. 20).

Destacando o sentido missionário da experiência eucarística dos discípulos em Emaús (MND, n. 24, 27), o documento pontua a importância de brotar "uma existência cristã transformada pelo amor" (MND, n. 29), que deve se fundamentar em um "reencontro com o dom da Eucaristia como luz e força para a vossa vida quotidiana no mundo" (MND, n. 30).

5.3.4 Exortação apostólica *Sacramentum Caritatis*

Apresentada após a 11ª Assembleia Geral Ordinária do Sínodo dos Bispos (2005), a exortação se fundamenta na união existente entre três aspectos: (1) mistério eucarístico, (2) ação litúrgica e (3) novo culto espiritual (EASC, n. 5). Está estruturada em três partes, nas quais aprofunda as dimensões da Eucaristia: (1) Eucaristia, mistério acreditado; (2) Eucaristia, mistério celebrado; e (3) Eucaristia, mistério vivido. Desses mistérios, o celebrado, que nos remete à liturgia, é aquele que proporciona a conformação da pessoa na vida cristã (mistério vivido), favorecendo o amadurecimento da fé (mistério acreditado).

Na primeira parte, o documento aborda a questão da Eucaristia como **mistério da fé** (EASC, n. 6), cuja origem é o amor trinitário: "o Deus-Trindade (*Deus Trinitas*), que em Si mesmo é amor (*1 Jo* 4, 7-8), envolve-Se plenamente com a nossa condição humana" (EASC, n. 8). Assim, a ceia pascal, própria da tradição judaica, por meio do sacrifício de Jesus e da obra do Espírito Santo, tornou-se na Eucaristia o centro vital da Igreja (EASC, n. 12). Essa relação da Eucaristia com a Igreja não é unilateral:

> A Eucaristia é Cristo que Se dá a nós, edificando-nos continuamente como seu corpo. Portanto, na sugestiva circularidade entre a Eucaristia que edifica a Igreja e a própria Igreja que faz a Eucaristia,

a causalidade primária está expressa na primeira fórmula: a Igreja pode celebrar e adorar o mistério de Cristo presente na Eucaristia, precisamente porque o próprio Cristo Se deu primeiro a ela no sacrifício da Cruz. A possibilidade que a Igreja tem de fazer a Eucaristia está radicada totalmente na doação que Jesus lhe fez de Si mesmo. Também este aspecto nos persuade de quão verdadeira seja a frase de São João: "Ele amou-nos primeiro" (1 Jo 4, 19). Deste modo, também nós confessamos, em cada celebração, o primado do dom de Cristo; o influxo causal da Eucaristia, que está na origem da Igreja, revela em última análise a precedência não só cronológica mas também ontológica do amor de Jesus relativamente ao nosso: será, por toda a eternidade, Aquele que nos ama primeiro. (EASC, n. 14)

Assim, a vivência eucarística "leva à plenitude a iniciação cristã e coloca-se como centro e termo de toda a vida sacramental" (EASC, n. 17), que em especial relaciona-se com o sacramento da reconciliação, exortando sobre a necessidade da "recuperação da pedagogia da conversão que nasce da Eucaristia" (EASC, n. 21).

Na segunda parte do documento, dedicada ao **mistério celebrado**, há um desenvolvimento reflexivo sobre a essência da ação litúrgica, com a indicação de alguns elementos que demandam uma análise mais profunda, assim como de ações pastorais consideradas de grande importância. Assim, destaca que a celebração litúrgica "não está à mercê do nosso arbítrio e não pode suportar a chantagem das modas passageiras" (EASC, n. 37), devendo-se respeitar a tradição viva da Igreja.

O documento também orienta sobre a estrutura da celebração eucarística (EASC, n. 43-51) e a riqueza dos sinais litúrgicos, destacando principalmente a necessidade de compreendê-los e respeitá-los para bem celebrar (EASC, n. 40). Para tanto, destaca a importância do desenvolvimento de uma catequese mistagógica[1] que se preocupe em propiciar

---

1 Aquela que busca inserir seus ritos e sinais no significado da liturgia (DNC, n. 47).

"*interpretação dos ritos à luz dos acontecimentos salvíficos* [...] *introduzir no sentido dos sinais* contidos nos ritos [...] mostrar *o significado dos ritos para a vida cristã* em todas as suas dimensões", pois "a melhor catequese sobre a Eucaristia é a própria Eucaristia bem celebrada" (EASC, n. 64). É importante destacar ainda que, zelando pela participação ativa e adequada, o documento propõe algumas ações pastorais – entre elas, o recurso da língua latina, principalmente nas grandes celebrações internacionais (EASC, n. 62) e a adequada valorização do canto gregoriano (EASC, n. 42).

A terceira parte do documento versa sobre o **mistério vivido**, abordando como o mistério que é acreditado e celebrado se constitui na finalidade última da existência humana. A Eucaristia é apresentada como aquela que dá sentido pleno às esperanças humanas e torna a própria existência sacramental:

> Nada há de autenticamente humano – pensamentos e afetos, palavras e obras – que não encontre no sacramento da Eucaristia a forma adequada para ser vivido em plenitude. Sobressai aqui todo o valor antropológico da novidade radical trazida por Cristo com a Eucaristia: o culto a Deus na existência humana não pode ser relegado para um momento particular e privado, mas tende, por sua natureza, a permear cada aspecto da realidade do indivíduo. Assim, o culto agradável a Deus torna-se uma nova maneira de viver todas as circunstâncias da existência, na qual cada particular fica exaltado porque vivido dentro do relacionamento com Cristo e como oferta a Deus. A glória de Deus é o homem vivo (*1 Cor* 10, 31); e a vida do homem é a visão de Deus. (EASC, n. 71)

Tal relacionamento com Deus requer do humano uma vinculação com sua vida cotidiana, pois "a espiritualidade eucarística não é apenas participação na Missa e devoção ao Santíssimo Sacramento; mas abraça a vida inteira" (EASC, n. 77). É necessário compreender que "Jesus Cristo não é uma simples convicção privada ou uma doutrina abstrata, mas uma pessoa real cuja inserção na história é capaz de renovar a vida de todos" (EASC, n. 77). Sendo assim, é fundamental o testemunho coerente da experiência espiritual na vida cotidiana – seja ela sacerdotal, religiosa ou laical (EASC, n. 79-81) –, pois é necessário que "na Igreja, este mistério santíssimo seja verdadeiramente acreditado, devotamente celebrado e intensamente vivido" (EASC, n. 94).

Síntese

A reflexão teológica sobre a Eucaristia posterior ao Concílio Vaticano II teve como propósito realizar aplicações teológico-espirituais e aprofundamentos sobre temas específicos. A produção buscou apresentar a presença eucarística na história da salvação, relacionando-a com o mistério da Paixão, Morte e Ressurreição de Cristo e com a concepção antropológica que procede da redenção e com a esperança escatológica.

No âmbito da teologia, uma das preocupações centrais era reviver a profundidade do significado memorial da presença real de Cristo na Eucaristia. O Magistério da Igreja desenvolveu, em especial, diversos documentos que normatizam e regram o culto eucarístico a partir da reforma litúrgica, e refletem sobre a Eucaristia na vida eclesial.

Entre esses documentos, destacamos especialmente a carta encíclica *Ecclesia de Eucharistia*, sobre a relação da Eucaristia com a Igreja, e a exortação apostólica *Sacramentum Caritatis*, sobre a Eucaristia como fonte e ápice da vida e da missão da Igreja.

Indicação cultural

Leia a exortação apostólica *Sacramentum Caritatis*, sobre a Eucaristia como fonte e ápice da vida e da missão da Igreja. O documento pós-sinodal escrito por Bento XVI analisa a Eucaristia tomando como base o culto, a devoção, a eclesialidade e o testemunho cristão.

BENTO XVI, Papa. **Sacramentum Caritatis**. Roma, 22 fev. 2007. Disponível em: <http://w2.vatican.va/content/benedict-xvi/pt/apost_exhortations/documents/hf_ben-xvi_exh_20070222_sacramentum-caritatis.html>. Acesso em: 26 jul. 2024.

Atividades de autoavaliação

1. A carta *Dominicae Cenae* versa sobre a Eucaristia e seu papel na vida da Igreja e na vida do sacerdote. Sobre seu conteúdo, analise as afirmativas a seguir.

    I. A carta afirma que não há como desvincular a vocação e a vida de um sacerdote do mistério eucarístico e que dos sacerdotes é esperado um testemunho de veneração para com esse sacramento.

    II. Na carta, o papa delega aos sacerdotes a promoção e a manutenção do significado eclesial da vivência eucarística.

    III. O documento destaca que não há relação intrínseca entre a vivência eucarística e a prática da caridade.

    IV. O documento afirma que a Eucaristia é o sacrifício da redenção e, ao mesmo tempo, sacrifício da nova Aliança.

    Estão corretas as afirmativas:

    a) I, II, III e IV.
    b) III e IV.
    c) II, III e IV.
    d) I, II e III.
    e) I, II e IV.

2. A carta apostólica *Dies Domini* fala sobre a santificação do domingo. No que tange à Eucaristia, o documento declara:

    I. Por meio da Eucaristia, vivencia-se uma ligação vital com o Corpo e o Sangue de Cristo, que constituem a fonte que nutre e plasma a Igreja.

II. A assembleia dominical é o lugar privilegiado de unidade, no qual se celebra o sacramento da união entre os fiéis e a Trindade Santa.

III. A vida dos fiéis, seu louvor, seu sofrimento, sua oração, seus trabalhos unem-se aos de Cristo e à sua total oblação, adquirindo assim um novo valor.

IV. A santificação do dia do Senhor só pode ser pensada considerando a participação na celebração eucarística, que dá sentido a todas as outras atividades realizadas pelo cristão.

Estão corretas as afirmativas:

a) I, II, III e IV.
b) I, III e IV.
c) II, III e IV.
d) I, II e III.
e) III e IV.

3. Sobre a carta encíclica *Ecclesia de Eucharistia*, analise as afirmativas a seguir.

I. A Eucaristia é entendida como um dos pilares da fé católica, que se fundamenta na Sagrada Escritura e na tradição viva da Igreja, que é apostólica.

II. A Eucaristia, como sacramento, foi confiada por Cristo aos apóstolos, como experiência e como mandamento *in memoriam*, sendo celebrada de acordo com a tradição deles.

III. A Eucaristia é compreendida como sacramento que gera o vínculo de comunhão eclesial: a Igreja vive da Eucaristia.

IV. A Eucaristia é um sacramento cuja dimensão de comunhão se estende também ao aspecto ecumênico e inter-religioso.

Estão corretas as afirmativas:

a) I, II, III e IV.
b) I, III e IV.
c) II, III e IV.
d) I, II e III.
e) I e III.

4. A carta apostólica *Mane Nobiscum Domine* foi publicada por ocasião da abertura do Ano da Eucaristia. É um convite a todos os cristãos católicos para que vivenciem o período com zelo espiritual, mas também consiste em um itinerário espiritual pautado sobre uma das passagens eucarísticas dos evangelhos. Que passagem é essa?

a) A multiplicação dos pães (Jo 6,1-15).
b) O lava-pés (Jo 13,1-15).
c) A ceia com os discípulos (Lc 22,15-20).
d) A caminhada até Emaús (Lc 24,13-25).
e) As bodas de Canaã.

5. A exortação apostólica *Sacramentum Caritatis* é um documento pós-sinodal de profunda riqueza teológica que se fundamenta na união existente entre três apectos, que são:

a) o mistério eucarístico, a devoção popular e a ação litúrgica.
b) a ação litúrgica, o novo culto espiritual e a devoção popular.
c) o mistério eucarístico, a ação litúrgica e o novo culto espiritual.
d) o mistério eucarístico, a tradição apostólica e a devoção popular.
e) a ação popular, a tradição eucarística e a devoção espiritual.

Atividades de aprendizagem

Questões para reflexão

1. A exortação apostólica *Sacramentum Caritatis* destaca o vínculo existente entre o sacramento da Eucaristia e o da Reconciliação. Leia o trecho a seguir e identifique o aspecto eclesiológico dessa relação e o analise.

   Os padres sinodais afirmaram, justamente, que o amor à Eucaristia leva a apreciar cada vez mais também o sacramento da Reconciliação. Por causa da ligação entre ambos os sacramentos, uma catequese autêntica acerca do sentido da Eucaristia não pode ser separada da proposta dum caminho penitencial (*1 Cor* 11, 27-29). Constatamos – é certo – que, no nosso tempo, os fiéis se encontram imersos numa cultura que tende a cancelar o sentido do pecado, favorecendo um estado de espírito superficial que leva a esquecer a necessidade de estar na graça de Deus para se aproximar dignamente da comunhão sacramental. Na realidade, a perda da consciência do pecado engloba sempre também uma certa superficialidade na compreensão do próprio amor de Deus. É muito útil para os fiéis recordar-lhes os elementos que, no rito da Santa Missa, explicitam a consciência do próprio pecado e, simultaneamente, da misericórdia de Deus. Além disso, a relação entre a Eucaristia e a Reconciliação recorda-nos que o pecado nunca é uma realidade exclusivamente individual, mas inclui sempre também uma ferida no seio da comunhão eclesial, na qual nos encontramos inseridos pelo Batismo. Por isso, como diziam os Padres da Igreja, a Reconciliação é um batismo laborioso (*laboriosus quidam baptismus*), sublinhando assim que o resultado do caminho de conversão é também o restabelecimento da plena comunhão eclesial, que se exprime no abeirar-se novamente da Eucaristia. (EASC, n. 20)

2. Após refletir sobre a questão anterior, analise se a percepção da relação entre Eucaristia e Reconciliação é a mesma apresentada no trecho a seguir, retirado da carta encíclica *Ecclesia de Eucharistia*.

> A Eucaristia e a Penitência são dois sacramentos intimamente unidos. Se a Eucaristia torna presente o sacrifício redentor da cruz, perpetuando-o sacramentalmente, isso significa que deriva dela uma contínua exigência de conversão, de resposta pessoal à exortação que S. Paulo dirige aos cristãos de Corinto: "Suplicamo-vos em nome de Cristo: reconciliai-vos com Deus" (*2 Cor* 5, 20). Se, para além disso, o cristão tem na consciência o peso dum pecado grave, então o itinerário da penitência através do sacramento da Reconciliação torna-se caminho obrigatório para se abeirar e participar plenamente do sacrifício eucarístico. Tratando-se de uma avaliação de consciência, obviamente o juízo sobre o estado de graça compete apenas ao interessado; mas, em casos de comportamento externo de forma grave, ostensiva e duradoura contrário à norma moral, a Igreja, na sua solicitude pastoral pela boa ordem comunitária e pelo respeito do sacramento, não pode deixar de sentir-se chamada em causa. A esta situação de manifesta infração moral se refere a norma do *Código de Direito Canônico* relativa à não admissão à comunhão eucarística de quantos obstinadamente perseverem em pecado grave manifesto. (EE, n. 37)

Atividade aplicada: prática

1. A exortação apostólica *Sacramentum Caritatis* enfatiza a necessidade do desenvolvimento de uma catequese mistagógica que possibilite uma participação ativa na Eucaristia. Com base na leitura do trecho a seguir, destaque os principais desafios pastorais para sua realização.

> A grande tradição litúrgica da Igreja ensina-nos que é necessário, para uma frutuosa participação, esforçar-se por corresponder pessoalmente ao mistério que é celebrado, através do oferecimento a Deus da própria vida em união com o sacrifício de Cristo pela

salvação do mundo inteiro. [...] Assim, é preciso promover uma educação da fé eucarística que predisponha os fiéis a viverem pessoalmente o que se celebra. [...] Para isso, os padres sinodais indicaram unanimemente a estrada duma catequese de carácter mistagógico, que leve os fiéis a penetrarem cada vez mais nos mistérios que são celebrados [...] Desta estrutura fundamental da experiência cristã parte a exigência de um itinerário mistagógico, no qual se hão-de ter sempre presente três elementos:

a. Trata-se, primeiramente, da *interpretação dos ritos à luz dos acontecimentos salvíficos*, em conformidade com a tradição viva da Igreja; de fato, a celebração da Eucaristia, na sua riqueza infinita, possui contínuas referências à história da salvação. [...]
b. Além disso, a catequese mistagógica há-de preocupar-se por *introduzir no sentido dos sinais* contidos nos ritos; esta tarefa é particularmente urgente numa época acentuadamente tecnológica como a atual, que corre o risco de perder a capacidade de perceber os sinais e os símbolos. Mais do que informar, a catequese mistagógica deverá despertar e educar a sensibilidade dos fiéis para a linguagem dos sinais e dos gestos que, unidos à palavra, constituem o rito.
c. Enfim, a catequese mistagógica deve preocupar-se por mostrar o *significado dos ritos para a vida cristã* em todas as suas dimensões: trabalho e compromisso, pensamentos e afetos, atividade e repouso. Faz parte do itinerário mistagógico pôr em evidência a ligação dos mistérios celebrados no rito com a responsabilidade missionária dos fiéis; neste sentido, o fruto maduro da mistagogia é a consciência de que a própria vida vai sendo progressivamente transformada pelos sagrados mistérios celebrados. [...]

Condição necessária para se realizar, no âmbito das nossas comunidades eclesiais, esta tarefa educativa é dispor de formadores adequadamente preparados; mas todo o povo de Deus deve, sem dúvida, sentir-se comprometido nesta formação. (EASC, n. 64)

6
Eucaristia e dimensão pastoral

Neste capítulo, abordaremos, com base em toda a reflexão desenvolvida nos capítulos anteriores, os aspectos pastorais que envolvem o culto eucarístico. Sendo a Eucaristia "fonte e o centro de toda a vida cristã" (LG, n. 11), é importante que o culto prestado a ela seja vivenciado em sua "integridade, quer na celebração [...] quer no período da adoração eucarística fora da Missa" (MF, n. 61). Nessa perspectiva, segmentaremos nossa reflexão buscando aprofundar três aspecto, quais sejam: (1) o culto à Eucaristia realizado na santa missa, (2) o culto à Eucaristia que é realizado fora da santa missa e (3) o tratamento dado à Eucaristia no diálogo ecumênico.

6.1 Orientações sobre o culto do mistério eucarístico na santa missa

Como registramos no Capítulo 3, após o Concílio Vaticano II, vários documentos foram publicados com o intuito de normatizar a realização do culto eucarístico, para que seja bem celebrado. Assim, como ninguém pode acrescentar, suprimir ou mudar seja o que for em matéria litúrgica, esses documentos ajudam a desenvolver um itinerário fiel ao culto eucarístico (SC, n. 22).

No que diz respeito ao local da celebração, os documentos destacam que "a celebração eucarística deve realizar-se em lugar sagrado, a não ser que, em caso particular, a necessidade exija outra coisa; neste caso, deve-se fazer a celebração em lugar decente" (CDC, n. 932, 1). Como "memorial sacrificial em que se perpetua o sacrifício da cruz e o banquete sagrado da comunhão do corpo e sangue do Senhor" (EE, n. 12), a santa missa é em si única, mas formada por duas liturgias – a da Palavra e a da Eucarística – que estão profundamente interligadas, formando um só ato litúrgico.

No que se refere à celebração da Palavra, a leitura da passagem do Evangelho deve ser reservada a apenas um ministro ordenado (diácono ou sacerdote). Quanto às demais leituras, devem ser confiadas aos leigos que tenham recebido o ministério do leitorado ou ainda àqueles que possuam preparo espiritual para a atividade (ID, n. 2). Essa é uma das formas de favorecer a participação ativa dos fiéis na celebração eucarística (IGMR, n. 36). A homilia tem por finalidade explicar a Palavra de Deus, atualizando sua mensagem e possibilitando "uma compreensão e eficácia mais ampla da palavra de Deus na vida dos fiéis" (EASC, n. 46). Sendo de responsabilidade do sacerdote, e não do diácono, sua preparação e realização (ID, n. 3).

Como explicamos no Capítulo 4, a oração eucarística é o centro e o ápice de toda a celebração (IGMR, n. 54). É reservada, portanto, ao sacerdote que, em virtude de sua ordenação, está habilitado para a realização do sacrifício eucarístico *in persona Christi*, em nome de Cristo (DC, n. 8). Nesse sentido, não é permitido que partes da oração eucarística sejam rezadas pelo diácono ou ainda por outros fiéis, cuja participação está prevista no desenvolvimento celebrativo em momentos como: "as respostas ao diálogo do Prefácio, a oração do *Sanctus*, a aclamação depois da consagração e o Amém final" (ID, n. 4). Além disso, não devem ser incluidos cantos ou orações que não façam parte da estrutura da oração eucarística, de caráter teológico próprio (IGMR, n. 12). A oração deve ser rezada em sua integridade a fim de facilitar a compreensão e favorecer a formação de uma verdadeira assembleia (IGMR, n. 6).

É importante salientar que "a Igreja usou constantemente o pão e o vinho com água, para celebrar a ceia do Senhor" (ID, n. 8). Nesse sentido, as espécies utilizadas na celebração eucarística devem seguir essa tradição da Igreja: o pão deve ser unicamente de trigo (e, na tradição latina, sem fermento), e o vinho deve ser extraído da uva, sem a mistura de substâncias estranhas (ID, n. 8). Além disso, a comunhão eucarística, como dom de Deus, é dada aos fiéis por um ministro delegado para tal finalidade (seja ele o sacerdote, o diácono ou os ministros extraordinários da comunhão eucarística). Assim, não é admitido que os "fiéis tomem eles mesmos o pão consagrado e o cálice sagrado, muito menos se admite que os fiéis os passem uns aos outros" (ID, n. 9).

A comunhão pode ser ministrada sob a espécie do pão ou sob as duas espécies, pão e vinho. No primeiro caso, deve ser recebida na boca, ou na mão, devendo o comungante tomar a hóstia diante do ministro (RS, n. 92). Nos casos em que a comunhão é distribuída sob as duas espécies, "o sangue de Cristo pode ser bebido diretamente do cálice, por intinção[1], com a cânula ou com a colher" (IGMR, n. 285). Para a administração da comunhão aos fiéis leigos, estas duas últimas opções podem ser excluídas, caso não sejam costume; a comunhão por intinção deve ser recebida pelo fiel diretamente na boca (RS, n. 103).

Importante!

Há atos considerados delitos graves contra a santidade do Sacratíssimo Sacramento e Sacrifício da Eucaristia, quais sejam:

a. roubar e reter com fins sacrílegos, ou jogar fora as espécies consagradas;
b. atentar à realização da liturgia do Sacrifício eucarístico;
c. concelebração proibida do sacrifício eucarístico, juntamente com ministros das Comunidades Eclesiais que não

---

1 "Do latim, *intingere* (molhar, submergir algo num líquido). Chama-se intinção, na Eucaristia, a uma das formas para participar do Sangue do Senhor; não bebendo diretamente, mas molhando, no cálice que o ministro correspondente oferece, um fragmento do pão consagrado" (Aldazábal, 2018a).

> tenham sucessão apostólica, nem reconhecida dignidade sacramental da ordenação sacerdotal;
> d. consagração com fim de sacrilégio de uma matéria [pão e vinho] sem a outra, na celebração eucarística, ou também de ambas, fora da celebração eucarística. (RS, n. 172)

A liturgia da missa é "fonte inexaurível no dom de Deus" (EASC, n. 91); portanto, o fiel e a comunidade devem fazer um momento de ação de graças, permeado pelo silêncio que favorece a meditação (IGMR, n. 56). A missa "torna presente o sacrifício da cruz [...] é a celebração *memorial* [...] de modo que o único e definitivo sacrifício redentor de Cristo se atualiza incessantemente no tempo" (EASC, n. 72) . Assim, a participação na Eucaristia dominical é um preceito da Igreja, pois, por meio dela, "o cristão reencontra a forma eucarística própria da sua existência, segundo a qual é chamado a viver constantemente" (EASC, n. 72).

Importante!

Em consideração às pessoas que têm restrições à ingestão de substâncias com glúten, como o pão, ou ainda restrições à ingestão do vinho, a Congregação para a Doutrina da Fé expediu, em 2003, uma carta circular com orientações para se proceder à comunhão eucarística. Essas orientações foram atualizadas por um documento da Congregação para o Culto Divino publicado em 2017.

O pão sem glúten é matéria inválida para a Eucaristia. Portanto, podem ser utilizadas "hóstias parcialmente desprovidas de glúten, [...] sem acréscimo de substâncias estranhas e sem recorrer a procedimentos tais que desnaturem o pão" (Congregação para a Doutrina da Fé, 2003. A. 2; Congregação para o Culto Divino e a Disciplina dos Sacramentos, 2017a, 4 a.). Entretanto, caso o fiel sofra de fluxo celíaco, a ele é permitido "comungar somente sob a espécie do vinho" (Congregação para a Doutrina da Fé, 2003. B. 1).

No caso dos sacerdotes que apresentem restrições à ingestão do pão, eles não podem "celebrar a Eucaristia individualmente, nem presidir a concelebração" (Congregação para a Doutrina da Fé, 2003. C. 3). Aos fiéis e aos sacerdotes que tenham restrições à ingestão do vinho, é apresentada a possibilidade da utilização do mosto, "isto é, o suco da uva quer fresco quer conservado de modo a interromper a fermentação mediante métodos que não lhe alterem a natureza" (Congregação para a Doutrina da Fé, 2003. A. 3; Congregação para o Culto Divino e a Disciplina dos Sacramentos, 2017a, 4 b.). Quando estiver concelebrando uma missa na qual o vinho for utilizado, o sacerdote, "com a licença do Ordinário, pode comungar somente sob a espécie do pão" (Congregação para a Doutrina da Fé, 2003, B. 3).

Na ausência de um sacerdote e na impossibilidade de deslocamento até uma Igreja na qual possa-se participar do mistério eucarístico, a Igreja recomenda a celebração da Palavra de Deus (SC, n. 35), que pode ser seguida da comunhão eucarística. Entretanto, esse tipo de celebração tem caráter suplementar, não podendo ser confundida ou equiparada à celebração eucarística (DCD, n. 22). "Na verdade, escutando a Palavra de Deus [os fiéis] reconhecem que as suas maravilhas, ali anunciadas, atingem a plenitude do mistério pascal, cujo memorial se celebra sacramentalmente na missa e do qual participam pela comunhão" (DCD, n. 20)

Essas celebrações devem ser conduzidas por um diácono. Em sua ausência, o sacerdote deverá designar os leigos aos quais confiará o cuidado das celebrações: "a responsabilidade da oração, o serviço da Palavra, e a distribuição da sagrada comunhão" (DCD, n. 30). Esses leigos devem considerar que a responsabilidade que lhes foi dada é um serviço em favor da comunidade, devendo receber uma formação contínua para que possam preparar as celebrações de forma adequada e com zelo espiritual.

O Diretório para as Celebrações Dominicais na Ausência do Presbítero destaca que esse tipo de celebração é estruturada em duas partes: a celebração da Palavra e a distribuição da comunhão. Na celebração, não se pode inserir o que é próprio da missa. "O rito da celebração deve ser organizado de tal modo que favoreça totalmente a oração e dê a imagem duma assembleia litúrgica e não duma simples reunião" (DCD, n. 35). Assim, os textos das orações e das leituras devem ser retirados do missal e do lecionário, conforme o tempo litúrgico vigente. Caso seja o diácono o celebrante, ele deverá se comportar segundo o modo próprio de seu ministério, no que diz respeito tanto à paramentação litúrgica quanto às saudações e orações. Nos casos em que for um leigo, destacam-se as seguintes orientações:

> O leigo que orienta a reunião comporta-se como um entre iguais, como sucede na Liturgia das Horas, quando o ministro é leigo: "O Senhor nos abençoe... ", "Bendigamos ao Senhor... ". Não deve usar as palavras que pertencem ao presbítero ou ao diácono, e deve omitir aqueles ritos, que de modo mais direto lembram a Missa, por exemplo: as saudações, sobretudo "O Senhor esteja convosco" e a forma de despedida, que fariam aparecer o moderador leigo como um ministro sagrado. Deve usar uma veste que não desdiga do ofício que desempenha, ou vestir aquela que o bispo eventualmente tenha estabelecido. Não deve utilizar a cadeira presidencial, mas prepare-se antes uma outra cadeira fora do presbitério. O altar, que é a mesa do sacrifício e do convívio pascal, deve servir apenas para sobre ele colocar o pão consagrado antes da distribuição da Eucaristia. (DCD, n. 39-40)

> **Importante!**
>
> Existem ritos próprios para a celebração da Palavra de Deus, descritos em *A Sagrada Comunhão e culto do mistério eucarístico fora da missa*.
>
> O rito mais extenso é indicado "sobretudo quando não há celebração da Missa, ou quando se distribui a comunhão a horas previamente estabelecidas, de sorte que os fiéis se alimentem também da mesa da Palavra de Deus. Na verdade, ouvindo a Palavra de Deus reconhecem que as suas maravilhas, ali anunciadas, atingem a plenitude no mistério pascal, cujo memorial se celebra sacramentalmente na Missa, e no qual participam pela comunhão. Além disso, ouvindo a Palavra do Senhor e alimentando-se dela, são levados em ação de graças, a uma participação frutuosa nos mistérios da salvação" (Ritual Romano, 1977, p. 26).
>
> O rito mais breve é utilizado "quando as circunstâncias aconselham a não usar a forma mais longa, sobretudo quando apenas comungam uma ou duas pessoas e não pode fazer-se uma verdadeira celebração comunitária" (Ritual Romano, 1977, p. 42).

Para a realização da Palavra em comunidade, orienta-se que a celebração tenha o seguinte esquema:

- **Ritos iniciais:** Buscam congregar a comunidade reunida para que se disponha a celebrar em união com Deus.
- **Liturgia da Palavra:** São realizadas as leituras, a homilia, a profissão de fé e a oração universal.
- **Momento de ação de graças:** Momento de oração no qual "os fiéis exaltam a glória de Deus e a sua misericórdia" (DCD, n. 45). Pode ser realizado por meio de salmos, hinos ou cânticos. Depois, o celebrante aproxima-se do sacrário "depõe a sagrada Eucaristia sobre

o altar; depois, ajoelhado diante do altar, juntamente com os fiéis, [dirige preces] a Cristo presente na santíssima Eucaristia" (DCD, n. 45).
- **Ritos da comunhão:** Incluem a oração do Pai-nosso, o ósculo da paz, a distribuição da Eucaristia e nova ação de graças.
- **Ritos de conclusão:** Indicam a relação entre a liturgia e a vida cristã, como a oração comum final (DCD, n. 41).

6.2 Orientações sobre o culto eucarístico fora da santa missa

Além da santa missa, existem outras formas de culto eucarístico com um valor inestimável para a Igreja. Ligadas "intimamente com a celebração do sacrifício eucarístico" (EE, n. 25), elas são recomendadas desde que se harmonizem com a liturgia e se inspirem nela, como também para ela encaminhem o povo. "Os fiéis, ao adorarem a Cristo presente no Sacramento, lembrem-se de que esta presença deriva do santo Sacrifício, e que se destina à comunhão sacramental e espiritual" (Ritual Romano, 1977, p. 80). Em linhas gerais, são três as formas pelas quais se expressa o culto à Eucaristia fora da missa: (1) a exposição da Santíssima Eucaristia, (2) as procissões eucarísticas e (3) os congressos/encontros eucarísticos.

6.2.1 Exposição da Santíssima Eucaristia

A exposição do Santíssimo Sacramento, além de estimular uma consciência da presença de Cristo, é um convite à comunhão espiritual com Ele. Por esse motivo, deve-se tomar o devido cuidado para que a "adoração dada ao Santíssimo Sacramento seja vista, por meio de sinais, em relação à Missa" (EM, n. 60). Assim, "a piedade que leva os fiéis à adoração move-os também a participar radicalmente do mistério pascal" (Ritual Romano, 1977, 80).

É proibida, no entanto, a celebração da missa no mesmo recinto da Igreja no qual a adoração esteja sendo realizada. Se a adoração se estender por um ou mais dias, deverá ser suspensa durante a celebração da missa, exceto quando for celebrada em capela ou oratório separado (Ritual Romano, 1977, p. 82; EM 61).

Existem dois tipos de exposição com o Santíssimo Sacramento:

1. **Exposição prolongada**: Sua realização é indicada, ao menos uma vez ao ano, em locais onde há conservação da Eucaristia, a fim de que "a comunidade local medite e adore mais intensamente este mistério" (Ritual Romano, 1977, p. 86).
2. **Exposição breve**: Geralmente organizada antes da bênção com o Santíssimo Sacramento, "tal modo que nelas, antes da bênção, se consagre um tempo conveniente à leitura da Palavra de Deus, a cânticos, a preces e à oração em silêncio prolongada por algum tempo" (Ritual Romano, 1977, p. 89).

No que tange ao rito de adoração eucarística, devem ser observados três momentos diferentes, mas que se complementam: a exposição, a adoração e a bênção.

- **Exposição**

    Reunido o povo e enquanto, se é possível, se canta um cântico, o ministro dirige-se para o altar. Se o Santíssimo não se conserva no altar em que se faz a exposição, o ministro, tendo tomado o véu de ombros, leva-O do lugar da reserva, acompanhado pelos ajudantes ou pelos fiéis com velas acesas. Coloque-se a cibório ou ostensório sobre a mesa do altar coberta com uma toalha. Se, porém, a exposição se prolongar por bastante tempo, e no caso de se usar o ostensório, pode utilizar-se um trono colocado em lugar mais elevado; mas deve evitar-se que este seja demasiado alto e distante. Feita a exposição, se se usa a ostensório, o ministro incensa o Santíssimo Sacramento. Depois, se a adoração se prolongar por um certo tempo, pode retirar-se. (Ritual Romano, 1977, p. 94)

- **Adoração**

  Durante a exposição, ordenem-se de tal modo as orações, os cânticos e as leituras, que os fiéis, entregues à oração, estejam unidos a Cristo Senhor. A fim de alimentar uma oração mais íntima, façam-se leituras da sagrada Escritura com homilia, ou exortações breves, que levem a uma melhor estima do mistério eucarístico. Convém igualmente que os fiéis respondam à Palavra de Deus com cânticos. É bom que, em certos momentos, se guarde o silêncio sagrado. Diante do Santíssimo Sacramento exposto por um tempo prolongado, também pode celebrar-se alguma parte da Liturgia das Horas, sobretudo as Horas principais; com efeito, por meio dela prolongam-se pelas várias horas do dia os louvores e ações de graças que a Deus são dadas na celebração da Eucaristia, e dirigem-se a Cristo e, por Ele, ao Pai as súplicas da Igreja em nome do mundo inteiro. (Ritual Romano, 1977, p. 95-96)

- **Bênção**

  Quando se aproxima o fim da adoração, o sacerdote ou o diácono vai para o altar, genuflecte e ajoelha, enquanto se canta um hino ou outro cântico eucarístico. Entretanto, o ministro, de joelhos, incensa o Santíssimo, se a exposição foi feita no ostensório. [...] Depois de dar a bênção, o mesmo sacerdote ou o diácono que a deu, ou outro sacerdote ou diácono, repõe o Santíssimo no tabernáculo, enquanto o povo, se se achar oportuno, profere alguma aclamação. (Ritual Romano, 1977, p. 97, 100)

6.2.2 Procissões eucarísticas

Nas procissões eucarísticas, o povo reunido dá testemunho público de sua fé e devoção ao Santíssimo Sacramento (EM, n. 59). Convém que as procissões com o Santíssimo Sacramento sejam realizadas após a celebração da missa, na qual é consagrada a hóstia que é levada na procissão. Da mesma forma, "nada impede que a procissão seja feita também após uma adoração pública e prolongada depois da santa missa" (Ritual Romano, 1977, p. 103).

É sempre conveniente que as procissões sejam realizadas entre Igrejas ou retorne para a Igreja da qual partiu. Devem ser utilizados, segundo os costumes locais:

> tochas, incenso e pálio, sob o qual caminha o sacerdote que transporta o santíssimo sacramento. Este deve estar vestido com os paramentos usados na celebração da missa, ou ainda revestir-se de uma capa de cor branca. Ao final da procissão, deve ser dada ao povo a bênção com o santíssimo. (Ritual Romano, 1977, p. 104)

Entre essas procissões, a que costuma ser realizada anualmente é a da solenidade de *Corpus Christi*.

6.2.3 Congressos eucarísticos

Os congressos eucarísticos nasceram na segunda metade do século XIX, na França, inspirados na fé na presença real de Jesus Cristo no sacramento da Eucaristia. A eles é dado "um grande valor", pois considera-se que são "sinal verdadeiro de fé e caridade" (RS, n. 145). Podem ser celebrados em nível regional (dioceses), nacional ou internacional e devem conter temas que favoreçam o progresso da investigação teológica sobre a Eucaristia, como também o bem da Igreja que a celebra (Ritual Romano, 1977, p. 109).

A organização de um congresso deve ser compreendida desde a preparação, devendo promover:

- uma catequese intensa "acerca da Eucaristia, especialmente enquanto mistério de Cristo vivo e atuante na Igreja, adaptada à compreensão dos vários grupos" (Ritual Romano, 1977, p. 111);
- uma participação mais ativa na sagrada liturgia, "a qual fomenta, ao mesmo tempo, a escuta religiosa da Palavra de Deus e o sentido fraterno da comunidade" (Ritual Romano, 1977, p. 111);
- a investigação dos recursos e a execução de obras sociais que promovam a justa comunhão de bens, a exemplo das comunidades primitivas (Ritual Romano, 1977, p. 111).

Na realização de um congresso eucarístico, os fiéis devem ser levados a compreender mais profundamente esse mistério (EM, n. 67). Para tanto, as ações devem ter na celebração eucarística o ponto do qual derivam todas as outras atividades desenvolvidas pelo congresso. As conferências, as catequeses e as celebrações da Palavra devem buscar o aprofundamento do tema proposto como reflexão. Devem ser oferecidas oportunidades de adoração prolongada do Santíssimo Sacramento, como também a organização de manifestações públicas como procissões eucarísticas (Ritual Romano, 1977, p. 112).

Enfim, como salienta o Papa João Paulo II:

> O culto prestado à Eucaristia fora da Missa é de um valor inestimável na vida da Igreja, e está ligado intimamente com a celebração do sacrifício eucarístico. A presença de Cristo nas hóstias consagradas que se conservam após a Missa – presença essa que perdura enquanto subsistirem as espécies do pão [e] do vinho – resulta da celebração da Eucaristia e destina-se à comunhão, sacramental e espiritual. Compete aos Pastores, inclusive pelo testemunho

pessoal, estimular o culto eucarístico, de modo particular as exposições do Santíssimo Sacramento e também as visitas de adoração a Cristo presente sob as espécies eucarísticas. (EE, n. 25)

6.3 Eucaristia no contexto do diálogo ecumênico

"O Espírito Santo, que habita nos crentes, que enche e governa toda a Igreja, é quem realiza aquela maravilhosa comunhão dos fiéis e une todos intimamente em Cristo, de modo a ser o Princípio da unidade da Igreja" (UR, n. 2). Com essas palavras do decreto *Unitatis Redintegratio*, percebemos que a meta principal do diálogo ecumênico é gerar comunhão e solidariedade entre os cristãos. Essa meta se concretiza por meio da celebração da Eucaristia, que é sinal de partilha e fraternidade. Por meio da *koimonia*[2], são realizados gestos como a partilha do pão, do perdão, da paz, e do amor, que fundamentam o compromisso de reunir e congregar a todos em uma verdadeira unidade (UR, n. 12).

Revela-se aí a importância do tema Eucaristia para o diálogo ecumênico; isso sem ignorar as diferenças entre as concepções da Igreja Católica e as das demais igrejas cristãs sobre o culto eucarístico. No que se refere às igrejas orientais de tradição ortodoxa, podemos afirmar, como expusemos no Capítulo 2, que existe uma concordância em nível substancial sobre a Eucaristia. Todavia, a abordagem pastoral, principalmente a relacionada à piedade fora do culto eucarístico, é diferente, pois as igrejas orientais salientam o aspecto mistérico, ocultando o Santíssimo Sacramento e não promovendo cultos de adoração. Nas igrejas reformadas, por sua vez,

---

[2] O termo *koimonia* indica comunhão, que é expressa pela partilha realizada por uma comunidade.

há diferenças doutrinárias de várias ordens, como: o papel do ministro ordenado, ao modo como a presença de Cristo é produzida na Eucaristia, a relação entre a presença real e as espécies eucarísticas, o culto eucarístico fora da missa, entre outros (CNBB, 2003, p. 177-178).

Entretanto é perceptível nos últimos anos a evolução do diálogo no que diz respeito à questão eucarística. Percebeu-se "que em grande parte, as diferenças apontadas eram mais devidas ao modo diverso como essas verdades são expostas do que ao conteúdo propriamente dito dos enunciados" (CNBB, 2003, p. 180).

Assim, desde 1971, diversos documentos foram produzidos com o intuito de gerar uma convergência das diversas tradições cristãs sobre a Eucaristia. Entre esses documentos, podemos citar: *Declaração anglicano-católica sobre a doutrina eucarística* (1971), *Católicos e protestantes de acordo sobre a Eucaristia* (1971), *O Relatório de Malta* (1972), *A ceia do Senhor* (1978) e *Batismo, Eucaristia e Mistério*, que teve duas elaborações, uma em 1974 e outra em 1982.

Aprofundando...

Os documentos citados apresentam elementos que formam uma base comum, segundo a qual é possível estabelecer um diálogo ecumênico:

1) A Ceia do Senhor é o sacramento que melhor expressa a unidade das igrejas e dos cristãos, entre os quais verificam-se convergências significativas quanto: a) *ao conteúdo* – Cristo está, pela força do Espírito Santo, pessoalmente, realmente e sacramentalmente presente na Ceia, dando-se através dos elementos do pão e [do] vinho; b) **à instituição** – a Ceia do Senhor é instituída na pessoa, palavra e ação de Jesus Cristo na última Ceia e no seu desejo que ela seja repetida: "Fazei isto em minha memória" (1Cor 11,23-25; Mt 26,26-29;

Mc 14,22-25; Lc 22,14-20); c) *ao significado* – esse acontecimento é entendido como passagem da Antiga para a Nova Aliança (Lc 22,20), a Nova Páscoa, pela qual Deus, em Cristo, reconcilia a humanidade consigo e estabelece a comunhão universal.

2) Este sacramento é um memorial sacrifical perpétuo da paixão, morte e ressurreição de Cristo.

3) A Eucaristia é o mistério central da Igreja, tornando presente numa comunidade reunida a pessoa e a obra de Jesus Cristo. Ela influencia na vida particular do cristão ao mesmo tempo que forma a Igreja como ato central do culto e "fonte e ápice de toda a vida cristã" (LG 11). A Igreja é uma comunidade eucarística.

4) Os benefícios da celebração do sacramento da Eucaristia, para a vida individual dos cristãos e para a Igreja: a graça interna, espiritual, de poder receber o corpo de Cristo e com Ele fazer unidade (1Cor 10,17 e 12,25-26); os méritos e benefícios permanentes da paixão, morte e ressurreição de Cristo: a redenção, a propiciação e satisfação pelos pecados do mundo inteiro; o fortalecimento da fé, a restauração da paz da consciência, a intensificação do afervoramento do amor a Deus, o aumento do amor fraterno, o conforto na tribulação, a santificação, o fortalecimento da esperança na vida eterna [...].

5) Para estar em condições de receber os efeitos do sacramento, exige-se do fiel a fé, a preparação devida (sobretudo a confissão dos pecados) e a autoentrega na Santa Comunhão.

6) A presidência da celebração desse sacramento é da competência dos ministérios ordenados.

7) A Eucaristia é ação de graças celebrada, na força do Espírito, ao Pai, pelo dom da comunhão e redenção recebida em Cristo, evidenciando-se, assim, o aspecto trinitário deste sacramento. (Wolff, 2005, p. 133-134)

Síntese

Neste capítulo, abordamos os aspectos pastorais que envolvem o culto eucarístico. Apresentamos as orientações para a realização desse culto na santa missa, especificando cada uma das partes da liturgia. Também mostramos a importância dos diferentes cultos eucarísticos que ocorrem fora da missa, como: a realização de celebrações da Palavra, de exposições e procissões com o Santíssimo Sacramento e de congressos eucarísticos. Por fim, analisamos como o tema da Eucaristia relaciona-se com o diálogo ecumênico, enfatizando a produção de diversos documentos que buscam a convergência das diversas tradições cristãs sobre a Eucaristia.

Indicação cultural

Leia o artigo que aborda a temática da Eucaristia no diálogo inter-religioso buscando demonstrar quais são as possíveis convergências doutrinais e pastorais entre as Igrejas cristãs.

WOLFF, E. Eucaristia e unidade da Igreja: questões doutrinais do diálogo ecumênico. **Revista Encontros Teológicos**, v. 41, n. 2, ano 20, p. 111-134, 2005. Disponível em: <https://facasc.emnuvens.com.br/ret/article/download/425/412>. Acesso em: 26 jul. 2024.

Atividades de autoavaliação

1. Entre as orientações sobre o culto do mistério eucarístico na santa missa, várias tratam da comunhão eucarística. Sobre essas orientações, analise as afirmativas a seguir.

    I. As espécies utilizadas para a celebração eucarística são o pão, unicamente de trigo (e, na tradição latina, sem fermento), e o vinho, extraído da uva, sem a mistura de substâncias estranhas.

II. A comunhão eucarística, como dom de Deus, é dada aos fiéis por um ministro delegado para tal finalidade, ou seja, somente o sacerdote ou o diácono.

III. A comunhão pode ser ministrada sob a espécie do pão ou sob as duas espécies, pão e vinho.

IV. Nos casos em que a comunhão é distribuída sob as duas espécies, o Sangue de Cristo pode ser bebido diretamente do cálice, por intinção, com a cânula ou com a colher.

Estão corretas as afirmativas:

a) I, II, III e IV.
b) I, II e IV.
c) I, III e IV.
d) I, II e III.
e) II, III e IV.

2. No que se refere às pessoas que têm alguma restrição à ingestão de substâncias como glúten, ou restrições à ingestão do vinho, analise as afirmativas a seguir.

I. O pão sem glúten é matéria inválida para a Eucaristia.

II. Ao fiel que sofra de fluxo celíaco é disponibilizada a possibilidade de comungar somente sob a espécie do vinho.

III. Os sacerdotes que têm restrição à ingestão do pão não podem celebrar a Eucaristia individualmente, nem presidir a concelebração.

IV. Para os fiéis e também os sacerdotes que têm restrições à ingestão do vinho, é apresentada a possibilidade da utilização do mosto.

São corretas as afirmativas:

a) I, II, III e IV.
b) I, III e IV.
c) II, III e IV.

d) I, II e III.
e) II e IV.

3. A celebração da Palavra de Deus é recomendada nos casos de ausência de um sacerdote e impossibilidade de deslocamento do fiel até uma Igreja na qual possa participar do mistério eucarístico. Sobre esse tipo de celebração, analise as afirmativas a seguir.

   I. Essa celebração é estruturada em duas partes: a celebração da Palavra e a distribuição da comunhão.

   II. Esse tipo de celebração tem caráter suplementar, não podendo ser confundida ou equiparada à celebração eucarística.

   III. Solicita-se que essas celebrações sejam conduzidas por um diácono; em sua ausência, o sacerdote deverá designar os leigos aos quais confiará seu cuidado.

   IV. Existem dois ritos por meio dos quais a celebração da Palavra pode ser realizada: o rito mais extenso e o mais breve.

   Estão corretas as afirmativas:

   a) I, III e IV.
   b) II, III e IV.
   c) I, II e III.
   d) I, II, III e IV.
   e) III e IV.

4. Para a Igreja, existem formas básicas de culto eucarístico fora da santa missa, que são:

   I. as procissões eucarísticas;
   II. a exposição da Santíssima Eucaristia;
   III. os congressos eucarísticos;
   IV. as celebrações litúrgicas;

   Estão corretas as opções:

a) I, III e IV.
b) II, III e IV.
c) I, II e III.
d) I, II, III e IV.
e) II e IV.

5. A Igreja Católica e a Igreja Ortodoxa não apresentam diferenças substanciais quanto ao culto à Eucaristia, apenas diferenças referentes:
a) ao papel do ministro ordenado quanto a consagração.
b) à piedade fora da celebração eucarística.
c) à relação entre a presença real e as espécies eucarísticas.
d) à doutrina sobre a consagração e a liturgia.

Atividades de aprendizagem

Questões para reflexão

1. Quais são as diferenças teológicas e estruturais entre a celebração da Eucaristia e a celebração da Palavra?

2. As três formas de culto eucarístico realizadas fora da missa têm elementos que demonstram uma ligação intrínseca entre si. Que elementos são esses?

Atividade aplicada: prática

1. Com base no que foi estudado neste capítulo, analise quais orientações sobre o culto eucarístico são seguidas de forma errônea na comunidade eclesial de que você participa. Cite possibilidades de conscientização para a mudança e alinhamento de tais ações.

Considerações finais

"A Igreja vive da Eucaristia. Esta verdade não exprime apenas uma experiência diária de fé, mas contém em síntese o próprio núcleo do mistério da Igreja" (EE, n. 1). Essas palavras de João Paulo II sintetizam o objeto de análise desta obra, cujo propósito era estudar a teologia eucarística tomando como base os fundamentos contidos na Sagrada Escritura e toda a tradição eclesial. Por meio das orientações do Magistério da Igreja, analisamos as devoções populares, as normas e regras de culto, bem como as orações e as práticas da Igreja.

No decorrer de nossa reflexão, apresentamos os principais fundamentos da teologia eucarística: a presença, o sacrifício e a comunhão, que, na Sagrada Escritura, são apresentados como figura (Antigo Testamento) e como evento (Novo Testamento).

Traçamos também o processo histórico por meio do qual o culto e a devoção eucarísticos se consolidaram nas práticas devocionais, bem como na vida da Igreja. Destacamos as diversas ações da Igreja para definir a doutrina e principalmente o culto eucarístico. Em especial, citamos aquela realizada após o Concílio Vaticano II, que propôs uma série de modificações tanto no aspecto estrutural (tipos e quantidades de oração presentes do rito litúrgico) quanto no pastoral (modo como a Eucaristia é celebrada com a comunidade).

Tendo em vista essas mudanças, buscamos analisar as bases teológicas da liturgia eucarística, enfocando principalmente as orações eucarísticas. Abordamos sua estruturação segundo a reforma litúrgica do Concílio e as reflexões pós-conciliares do Magistério da Igreja acerca da teologia eucarística. Em particular, analisamos: a carta encíclica *Mysterium fidei*, a instrução *Eucharisticum mysterium* e a *Instrução Geral do Missal Romano*.

Buscando expor as principais questões teológico-pastorais relacionadas à Eucaristia, detalhamos os documentos do Magistério da Igreja sobre o culto eucarístico, em especial a carta *Dominicae Cenae,* a carta *Sacerdotium Ministeriale* e a carta apostólica *Dies Domini*. No que tange às questões teológico-pastorais sobre a Eucaristia na vida da Igreja, analisamos os ensinamentos do *Catecismo da Igreja Católica*, a carta encíclica *Ecclesia de Eucharistia, a* carta apostólica *Mane Nobiscum Domine* e a exortação apostólica *Sacramentum Caritatis*.

Com o objetivo de esclarecer a estrutura pastoral do culto eucarístico, analisamos as diversas orientações sobre a forma como ele deve ser realizado na santa missa e nas ocasiões fora dela (como nos momentos de adoração ao Santíssimo Sacramento exposto, de procissão eucarística e nos congressos eucarísticos). Por fim, realizamos uma breve análise sobre o contexto do diálogo ecumênico que envolve a Eucaristia.

Esperamos que a presente obra tenha contribuído de alguma forma para seu processo formativo e sua devoção para com a Eucaristia.

Lista de abreviaturas

1Cor	1ª Epístola aos Coríntios
1Jo	1ª Epístola de João
1Pd	1ª Epístola de Pedro
2Rs	2º Livro dos Reis
At	Atos dos Apóstolos
CDC	Código de Direito Canônico
CIC	Catecismo da Igreja Católica
DC	Carta *Dominicae Cenae*
DCD	Diretório para as Celebrações Dominicais na Ausência do Presbítero
DD	Carta apostólica *Dies Domini*
Dt	Livro do Deuteronômio
EASC	Exortação apostólica *Sacramentum Caritatis*
EE	Carta encíclica *Ecclesia de Eucharistia*
EM	Instrução *Eucharisticum mysterium*

EP	*Eucharistiae participationem* = Circular Letter of the Sacred Congregation for Divine Worship Addressed to the Presidents of the Episcopal Conferences
Ex	Livro do Êxodo
Gn	Livro da Gênese
GS	Constituição pastoral *Gaudium et spes*
Hb	Epístola aos hebreus
ID	Instrução *Inaestimabile Donum*
IGMR	Instrução Geral do Missal Romano
Jl	Livro de Joel
Jo	Evangelho segundo João
Jr	Livro de Jeremias
Lc	Evangelho segundo Lucas
LG	Constituição dogmática *Lumen gentium*
Lv	Livro do Levítico
Ml	Livro de Malaquias
Mc	Evangelho segundo Marcos
MF	Carta encíclica *Mysterium fidei*
MND	Carta apostólica *Mane Nobiscum Domine*
Mt	Evangelho segundo Mateus
Num	Livro dos Números
Os	Livro de Oséias
PO	Decreto *Presbyterorum Ordinis*
RH	Carta incídica *Redemptor Hominis*
Rm	Epístola aos Romanos
RS	Instrução *Redemptionis Sacramentum*
Sb	Livro da Sabedoria
SC	Constituição conciliar *Sacrosanctum Concilium*
Sl	Livro dos Salmos
SM	Carta *Sacerdotium Ministeriale*
UR	Decreto *Unitatis Redintegratio*

Referências

AGOSTINHO, Santo. **A Cidade de Deus**: parte 1. Petrópolis: Vozes, 2011.

AGOSTINHO, Santo. **Comentário da Primeira Epístola de São João**. São Paulo: Paulinas, 1989.

AGOSTINHO, Santo. **Confissões**. São Paulo: Paulus, 1997.

AGOSTINHO, Santo. **Sermons pour la pâque**. Paris: Du Cerf, 1966.

ALDAZÁBAL, J. **A Eucaristia**. Petrópolis: Vozes, 2012.

ALDAZÁBAL, J. Intinção. In: **Dicionário Elementar de Liturgia**. Disponível em: <http://www.liturgia.pt/dicionario/dici_ver.php?cod_dici=214>. Acesso em: 17 jan. 2019a.

ALDAZÁBAL, J. Sacrifício. In: **Dicionário Elementar de Liturgia**. Disponível em: <http://www.liturgia.pt/dicionario/dici_ver.php?cod_dici=389>. Acesso em: 17 jan. 2019b.

AQUINO, T. **Suma teológica**. São Paulo: Loyola, 2009. v. 3.

AUGÉ, M. **Liturgia**: história, celebração, teologia e espiritualidade. São Paulo: Ave-Maria, 1996.

BEAUCHAMP, P. A Eucaristia no Antigo Testamento. In: BROUARD, M. **Eucharistia**: Enciclopédia da Eucaristia. São Paulo: Paulus, 2007. p. 73-99.

BENTO XVI, Papa. **Sacramentum Caritatis**. Roma, 22 fev. 2007. Disponível em: <http://w2.vatican.va/content/benedict-xvi/pt/apost_exhortations/documents/hf_ben-xvi_exh_20070222_sacramentum-caritatis.html>. Acesso em: 17 jan. 2019.

BOROBIO, D. **Eucaristia**. Madrid: Biblioteca de Autores Cristianos, 2002.

CANTALAMESSA, R. **L'Eucaristia nostra santificazione**: il mistero della cena. Milão: Âncora, 1989.

CASEAU, B. A Eucaristia no centro da vida religiosa das comunidades cristas (do fim do século IV ao século X). In: BROUARD, M. **Eucharistia**: Enciclopédia da Eucaristia. São Paulo: Paulus, 2007. p. 327-351.

CATECISMO DA IGREJA CATÓLICA. Petrópolis: Vozes, 1993.

CHAMPLIN, R. N. **Enciclopédia de Bíblia, teologia e filosofia**. São Paulo: Hagnos, 2008. v. 3.

CLÉMENT, O. **Fontes**: os místicos cristãos dos primeiros séculos. Juiz de Fora: Subiaco, 2003.

CNBB – Conferência Nacional dos Bispos do Brasil. **Guia ecumênico**: informações, normas e diretrizes sobre o ecumenismo. São Paulo: Paulinas, 2003.

COMBY, J. A Eucaristia no século XX, tempo das retomadas. In: BROUARD, M. **Eucharistia**: Enciclopédia da Eucaristia. São Paulo: Paulus, 2007. p. 802-845.

CONCÍLIO VATICANO II. **Gaudium et spes**. 18. ed. Petrópolis: Vozes, 1986.

CONCÍLIO VATICANO II. **Lumen gentium**. 18. ed. Petrópolis: Vozes, 1986.

CONCÍLIO VATICANO II. **Presbyterorum Ordinis**. 18. ed. Petrópolis: Vozes, 1986.

CONCÍLIO VATICANO II. **Sacrosanctum Concilium**. 18. ed. Petrópolis: Vozes, 1986.

CONCÍLIO VATICANO II. **Unitatis Redintegratio**. 18. ed. Petrópolis: Vozes, 1986.

CONFERÊNCIA EPISCOPAL PORTUGUESA. **Código de Direito Canônico**. Lisboa: Editorial Apostolado da Oração, 1983.

CONGOURDEAU. M. H. A Eucaristia em Bizâncio, do século XI ao século XV. In: BROUARD, M. **Eucharistia**: Enciclopédia da Eucaristia. São Paulo: Paulus, 2007. p. 353-389.

CONGREGAÇÃO PARA A DOUTRINA DA FÉ. Carta-circular aos presidentes das Conferências Episcopais sobre o uso do pão com pouca quantidade de glúten e do mosto como matéria eucarística. Vaticano, 24 jul. 2003. Disponível em: <http://www.vatican.va/roman_curia/congregations/cfaith/documents/rc_con_cfaith_doc_20030724_pane-senza-glutine_po.html>. Acesso em: 18 jan. 2019.

CONGREGAÇÃO PARA A DOUTRINA DA FÉ. Sacerdotium Ministeriale. Roma, 6 ago. 1983. Disponível em: <http://www.vatican.va/roman_curia/congregations/cfaith/documents/rc_con_cfaith_doc_19830806_sacerdotium-ministeriale_po.html>. Acesso em: 17 jan. 2019.

CONGREGAÇÃO PARA O CULTO DIVINO E A DISCIPLINA DOS SACRAMENTOS. Carta-circular aos Bispos sobre o pão e o vinho para a Eucaristia. 15 jun. 2017a. Disponível em: <http://www.vatican.va/roman_curia/congregations/ccdds/documents/rc_con_ccdds_doc_20170615_lettera-su-pane-vino-eucaristia_po.html>. Acesso em: 18 jan. 2019.

CONGREGAÇÃO PARA O CULTO DIVINO E A DISCIPLINA DOS SACRAMENTOS. Diretório para as Celebrações Dominicais na Ausência do Presbítero. In: LELO, A. F. Eucaristia: teologia e celebração: documentos pontifícios e ecumênicos da CNBB. São Paulo: Paulinas, 2006a. p. 305-310.

CONGREGAÇÃO PARA O CULTO DIVINO E A DISCIPLINA DOS SACRAMENTOS. Instrução Geral do Missal Romano. In: LELO, A. F. Eucaristia: teologia e celebração: documentos pontifícios e ecumênicos da CNBB. São Paulo: Paulinas, 2006b. p. 203-248.

CONGREGAÇÃO PARA O CULTO DIVINO E A DISCIPLINA DOS SACRAMENTOS. Instrução Redemptionis Sacramentum. In: LELO, A. F. Eucaristia: teologia e celebração: documentos pontifícios e ecumênicos da CNBB. São Paulo: Paulinas, 2006c. p. 294-301.

CONGREGAÇÃO PARA O CULTO DIVINO E A DISCIPLINA DOS SACRAMENTOS. Instrução Inaestimabile Donum. In: LELO, A. F. Eucaristia: teologia e celebração: documentos pontifícios e ecumênicos da CNBB. São Paulo: Paulinas, 2006d. p. 314-329.

CONGREGATION FOR DIVINE WORSHIP. Circular Letter of the Sacred Congregation for Divine Worship Addressed to the Presidents of the Episcopal Conferences. Disponível em: <https://www.ewtn.com/library/CURIA/CDWMISSA.HTM>. Acesso em: 18 jan. 2019.

CULLMANN, O. Cristologia do Novo Testamento. São Paulo: Hagnos, 2008.

DIDAQUÉ. 3. ed. São Paulo: Paulus, 2002.

FORD, B. Sacramento del Altar. Buenos Aires: Azul, 1986.

GHIECO, G. Studio anatono-istologico sul cuore del Miracolo Eucaristico di Lanciano. Roma: L'Osservatore Romano, 1983.

GIBIN, M. Tradição Apóstólica de Hipólito de Roma. Petrópolis: Vozes, 2004.

GIRAUDO, C. Num só corpo: tratado mistagógico sobre a Eucaristia. São Paulo: Loyola, 2003.

GUNNEWEG, A. Teologia Bíblica do Antigo Testamento: uma história da religião de Israel na perspectiva bíblico teológica. São Paulo: Loyola, 2005.

HIPÓLITO, Santo. Tradição Apostólica de Hipólito de Roma: liturgia e catequese em Roma no século III. Petrópolis: Vozes. 2004.

JEREMIAS, J. Teologia do Novo Testamento. Tradução de João Rezende Costa. São Paulo: Paulinas, 1973

JOÃO PAULO II, Papa. Dies Domini. Vaticano, 31 maio 1998. Disponível em: <http://w2.vatican.va/content/john-paul-ii/pt/apost_letters/1998/documents/hf_jp-ii_apl_05071998_dies-domini.html>. Acesso em: 18 jan. 2019.

JOÃO PAULO II, Papa. Dominicae Cenae. Vaticano, 24 fev. 1980. Disponível em: <https://w2.vatican.va/content/john-paul-ii/pt/letters/1980/documents/hf_jp-ii_let_19800224_dominicae-cenae.html>. Acesso em: 18 jan. 2019.

JOÃO PAULO II, Papa. Ecclesia de Eucharistia. Roma, 17 abr. 2003. Disponível em: <http://w2.vatican.va/content/john-paul-ii/pt/encyclicals/documents/hf_jp-ii_enc_20030417_eccl-de-euch.html>. Acesso em: 15 jan. 2019.

JOÃO PAULO II, Papa. Mane Nobiscum Domine. 3. ed. São Paulo: Paulinas, 2005.

JOÃO PAULO II, Papa. Redemptor Hominis. Roma, 4 mar. 2019. Disponível em: <http://w2.vatican.va/content/john-paul-ii/pt/encyclicals/documents/hf_jp-ii_enc_04031979_redemptor-hominis.html>. Acesso em: 11 jan. 2019.

JUNGMANN, J. A. **Missarum Sollemnia**. São Paulo: Paulus, 2009.

LACOSTE, J. Y. **Dicionário crítico de teologia**. São Paulo: Loyola, 2004.

LIGIER, L. **Il sacramento dell'Eucaristia**. Roma: Gregoriana, 1988.

LUBAC, H. **Meditación sobre la Iglesia**. Paris: Desclée de Brouwer, 1961.

MISSAL Romano. São Paulo: Paulus, 2011.

PADOIN, G. **O pão que eu darei**: o sacramento da Eucaristia. São Paulo: Paulinas, 1999.

PARENTI, S. A Eucaristia no Oriente de 1453 até hoje. In: BROUARD, M. **Eucharistia**: Enciclopédia da Eucaristia. São Paulo: Paulus, 2007. p. 392-416.

PASSOS, J. D.; SANCHEZ, W. L. **Dicionário do Concílio Vaticano II**. São Paulo: Paulinas, 2015.

PAULO VI, Papa. **Mysterium fidei**. Roma, 3 set. 1965. Disponível em: <http://w2.vatican.va/content/paul-vi/pt/encyclicals/documents/hf_p-vi_enc_03091965_mysterium.html>. Acesso em: 18 jan. 2019.

RITUAL ROMANO. **A Sagrada Comunhão e o culto do mistério eucarístico fora da missa**. 2. ed. São Paulo: Paulinas, 1977.

SAGRADA CONGREGAÇÃO DOS RITOS. Eucharisticum mysterium: instrução sobre o culto do mistério eucarístico. In: LELO, A. F. **Eucaristia**: teologia e celebração: documentos pontifícios e ecumênicos da CNBB. São Paulo: Paulinas, 2006. p. 123-136.

SANTIDRIÁN, P. R. **Dicionário básico das religiões**. Aparecida: Santuário, 1996.

SCHNITZLER, T. **As orações eucarísticas e os novos prefácios**: liturgia e catequese. São Paulo: Paulinas, 1970.

SILVA, V. de S. Teologia da oração eucarística II: da anáfora de Hipólito de Roma à oração eucarística II. **Revista Eletrônica Espaço Teológico**, v. 7, n. 11, p. 35-59, jan./jun. 2013.

SOUZA, R. A. de. Tomai todos e comei: considerações sobre a teologia da ceia eucarística nos primeiros séculos do cristianismo. In: JORNADA DE ESTUDOS ANTIGOS E MEDIEVAIS, 8.; JORNADA INTERNACIONAL DE ESTUDOS ANTIGOS E MEDIEVAIS, 1., 2009. Disponível em: <http://www.ppe.uem.br/jeam/anais/2009/pdf/84.pdf>. Acesso em: 16 jan. 2019.

TARNAS, R. **A epopeia do pensamento ocidental**: para compreender as ideias que moldaram nossa visão de mundo. Rio de Janeiro: Bertrand Brasil, 2000.

URBANO IV, Papa. **Transiturus de hoc mundo**. Orvieto, 11 de agosto de 1264. Disponível em: <https://w2.vatican.va/content/urbanus-iv/es/documents/bulla-transiturus-de-mundo-11-aug-1264.html>. Acesso em: 16 jan. 2019.

WOLFF, E. Eucaristia e unidade da Igreja: questões doutrinais do diálogo ecumênico. **Revista Encontros Teológicos**, v. 41, n. 2, ano 20, p. 111-134, 2005. Disponível em: <https://facasc.emnuvens.com.br/ret/article/download/425/412>. Acesso em: 23 jan. 2019.

Bibliografia comentada

ALDAZÁBAL. J. **A Eucaristia.** Petrópolis: Vozes, 2012.
A obra faz uma análise ampla da Eucaristia, incluindo aspectos relacionados ao desenvolvimento histórico da devoção, e uma ampla reflexão teológica sobre o culto eucarístico.

BENTO XVI, Papa. **Sacramentum Caritatis.** Roma, 22 fev. 2007. Disponível em: <http://w2.vatican.va/content/benedict-xvi/pt/apost_exhortations/documents/hf_ben-xvi_exh_20070222_sacramentum-caritatis.html>. Acesso em: 26 jul. 2024.
Trata-se de uma exortação apostólica pós-sinodal de profunda fundamentação teológica que se propõe a analisar a Eucaristia tomando como base o culto, a devoção, a eclesialidade e o testemunho cristão.

JOÃO PAULO II, Papa. **Ecclesia de Eucharistia**. Roma, 17 abr. 2003. Disponível em: <http://w2.vatican.va/content/john-paul-ii/pt/encyclicals/documents/hf_jp-ii_enc_20030417_eccl-de-euch.html>. Acesso em: 26 jul. 2024.
Aborda a temática da Eucaristia pelo viés eclesiológico, compreendendo que ela contém o núcleo do próprio mistério da Igreja.

LELO, A. F. **Eucaristia**: teologia e celebração – documentos pontifícios, ecumênicos e da CNBB (1963-2005). São Paulo: Paulinas, 2006.
O autor reuniu em uma só obra trechos e documentos completos, tanto pontifícios quanto ecumênicos, que versam sobre a Eucaristia. É uma obra destinada à pesquisa e ao aprofundamento sobre a Eucaristia e o Magistério da Igreja.

PADOIN, G. **O pão que eu darei**: o sacramento da Eucaristia. São Paulo: Paulinas, 1999.
O livro apresenta uma visão ampla sobre a Eucaristia, em seus aspectos teológico e histórico.

Capítulo 1
Atividades de autoavaliação
1. b
2. b
3. d
4. b
5. d

Capítulo 2
Atividades de autoavaliação
1. a
2. c
3. d

4. d
5. a

Capítulo 3
Atividades de autoavaliação
1. b
2. d
3. a
4. c
5. c

Capítulo 4
Atividades de autoavaliação
1. c
2. b
3. c
4. a
5. b

Capítulo 5
Atividades de autoavaliação
1. e
2. a
3. d
4. d
5. c

Capítulo 6
Atividades de autoavaliação
1. c
2. a
3. d
4. c
5. b

Sobre a autora

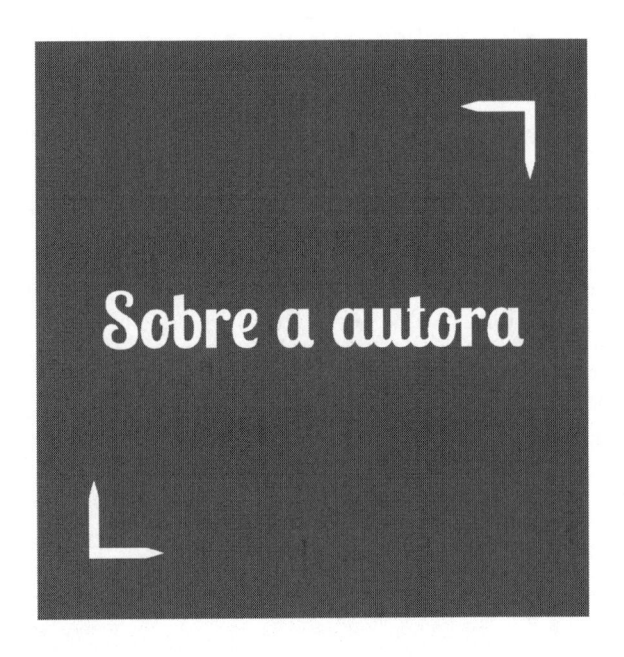

Vanessa Roberta Massambani Ruthes é doutora em Teologia pela Pontifícia Universidade Católica do Paraná (PUCPR), mestre em Teologia pela mesma instituição e licenciada em Filosofia e Pedagogia. Tem especialização em Bioética; Espiritualidade e Princípios Educacionais; e aperfeiçoamento em Ética em investigacão com seres humanos pela Unesco e em Ensino de Filosofia pela Universidade Federal do Paraná (UFPR). Atua como professora e gestora na iniciativa privada e no setor público. É consultora e palestrante. Publicou livros na área de teologia, além de vários artigos em periódicos científicos e jornais de circulação.

Impressão: